A José Landeros, compañero de vida.

A Paloma, luz de luna.

PRAGMATISMO, FUNDAMENTO DE LA GLOBALIZACIÓN.

Dra. Elsa Martínez Ortiz

ÍNDICE

I. INTRODUCCIÓN   13

    1.1 L'air du temps   15

    1.2 Justificación del tema. Pragmatismo y Globalización   20

    1.3 Planteamiento del problema   22

    1.4 Hipótesis   24

    1.5 Reflexiones en torno a la metodología   25

    1.6 Objetivos   27

    1.7 Exposición de motivos   28

II. CONCEPTO DE PRAGMATISMO   31

    2.1 Orígenes y antecedentes   32

    2.2 Los pragmatistas norteamericanos y la filosofía moderna   37

    2.3 William James y el surgimiento de la filosofía norteamericana   39

    2.4 Charles Sanders Pierce: Fundador del pragmatismo norteamericano   45

    2.5 John Dewey: Filósofo de la modernidad norteamericana   51

III. PRAGMATISMO Y EXPANSIONISMO DE LOS ESTADOS UNIDOS   58

    3.1 Orígenes   59

    3.2 Independencia   61

    3.3 Estrategia política militar del expansionismo norteamericano   62

       3.3.1 Doctrina Monroe   69

       3.3.2 Destino Manifiesto   71

3.4 Primera Guerra Mundial   83

3.5 Depresión   84

3.6 Segunda Guerra Mundial

3.7 Posguerra   90

     3.7. 1 La guerra de Corea   90

     3.7.2 La carrera espacial   91

     3.7.3 Derechos civiles y derechos humanos   91

     3.7.4 La guerra de Vietnam   92

     3.7.5 Los presidentes norteamericanos de la posguerra 92

3.8 El nuevo pragmatismo norteamericano en relaciones exteriores
¿Hegemonía o multipolarismo?   99

     3.8.1 El proyecto Obama   100

IV. PRAGMATISMO Y NUEVO ORDEN INTERNACIONAL   102

4.1 El sueño de la globalización   103

4.2 Realismo político o *Real Politik*   113

4.3 Súper gobierno global   122

V. GLOBALIZACIÓN. ESTRUCTURAS CONCEPTUALES Y
ESTRUCTURAS DE LA ACCIÓN SOCIAL   138

5.1 Concepto de globalización   139

5.2 Empirismo   140

5.3 Utilitarismo   141

5.4 Pragmatismo   142

5.5 Positivismo   144

5.6 Positivismo lógico o empirismo lógico   144

5.7 Informática   144

5.8 Cibernética y robótica   147

5.9 Fordismo   151

5.10 Taylorismo   152

5.11 Liberalismo   154

5.12 Neoliberalismo   155

    5.12.1 Paradigma del libertarismo   155

    5.12.2 Paradigma del igualitarismo   156

    5.12.3 Paradigma utilitarista   156

5.13 Realismo político   157

5.14 Keynesianismo   160

5.15 Darwinismo social   162

5.16 Protestantismo   163

5.17 Estructural funcionalismo   165

VI. CONCLUSIONES   167

VII. BIBLOGRAFÍA   173

-"¿Qué vamos a hacer esta noche, Cerebro?

-Lo mismo que hacemos todas las noches, Pinky,

tratar de conquistar al mundo."[1]

---

[1]Pinky y Cerebro, Emisión televisiva, *Cartoon Network*, Warner Bros. Animation, filial de Time Warner, producida por Steven Spielberg.

I. INTRODUCCIÓN

1.1 L'air du temps

Dada una configuración de objetos, mundo objetual: el objeto me ordena sentarme, escribir de una determinada manera, el objeto me dirige, me hace y conforma mis movimientos.

El mundo objetual me manda un mensaje y me demanda un gesto y yo lo obedezco ciegamente. No hay discurso, no hay ideas, simplemente hay control político e ideológico sobre todos y cada uno de mis movimientos, los cuales están ordenados, organizados, sistematizados y gobernados por un poder: *el poder tecnológico.*

Una computadora, una radio, una calculadora. La máquina ordena *"a priori"* mis movimientos, me señala cómo operarla, me imprime un ritmo, una agonía. Cuando llego a un autoservicio inmediatamente me transformo en autómata y obedezco a los estímulos. Me formo porque la barra me indica que me forme, la charola demanda que la tome, así como el que sólo tome un tenedor, una cuchara y un cuchillo. Me instalo en una línea de producción en serie, cuyo objetivo es la máxima eficiencia y el mínimo de movimientos para efectuar dicha operación.

Heidegger le llamaba el Imperio de lo UNO, el plexo referencial de útiles me constituye, me forma.

Es donde despliega el UNO su verdadera dictadura. Disfrutamos y gozamos como se goza; leemos, vemos y juzgamos de literatura y arte como se ve y juzga; incluso nos apartamos del "montón" como se apartan de él; encontramos "sublevante" lo que se encuentra sublevante. El Uno que no es nadie determinado y son todos, si bien no como suma, prescribe la forma de ser de la cotidianidad.[2]

La cultura imperialista en el *American way of life* es un sistema de valores, actitudes, costumbres, hábitos de sometimiento total a la producción, a la utilidad y al disfrute en el consumo.

Todo movimiento es controlado en función de su utilidad. Toda verdad y valor derivan de la experiencia, éstos son elementos constantes en la mentalidad global.

Mi interés ha sido el análisis del pragmatismo en su cotidianeidad porque la cultura es fluctuante, compleja e inasible. Ella es un flujo continuo, por lo tanto, me propongo estudiarla como una totalidad estructurada, cuyos elementos son estructuras conceptuales que organizan la acción en la vida diaria de la "aldea global".

El sujeto se constituye en su red de significaciones, en su plexo referencial de útiles en su hábitat, por ejemplo: la fábrica, el metro, la casa, la sala, el comedor, el avión, la oficina, el gimnasio, el hospital, la arquitectura, la computadora. Nuestra concepción de un objeto es obtener el significado de los conceptos en su relación con otras proposiciones empíricamente verificables, analizándose sus efectos, sus consecuencias.

---

[1] Martin Heidegger, *Ser y tiempo*, FCE, México, 1987, p. 143.

Sus antecedentes se encuentran en Kant, Charles S. Pierce y William James, quienes reconocen su influencia en el pragmatismo, al referirse a las leyes empíricas experimentales basadas en la experiencia y que requieren de su verificación en la vida diaria.

Wittgenstein elabora su teoría del análisis del significado, observando cuidadosamente los usos del signo en un juego del lenguaje. Imaginar un lenguaje significa un modo de vida, el uso de los conceptos en la acción.

El significado de un concepto no sólo se da en un modelo lógico perfecto sino integrado en una forma de vida.

La proposición de Wittgenstein es estudiar el fenómeno del lenguaje en clases primitivas de aplicación, en las cuales uno puede alcanzar una visión clara de la finalidad y el funcionamiento de una palabra. Los juegos del lenguaje son las clases primitivas de aplicación de un conjunto de conceptos donde uno puede estudiar su aplicación, uso y relaciones con otros conceptos. Su uso es su función, el juego de las relaciones con otros conceptos.[3]

En la práctica, Heidegger la llamaría un plexo referencial de útiles, un complejo de **útiles a la mano** que refieren al "ser ahí" que interaccionan constantemente.

Este es un intento por explorar el funcionamiento en la arquitectura conceptual de la cultura anglo norteamericana. El presente estudio pretende ser un análisis de algunos de los fundamentos filosóficos del capitalismo global.

El modo de vida es la totalidad de la cultura en que las diferentes actividades, costumbres, hábitat, vestido, lengua, técnica, arte, derecho, política y religión se estructuran bajo determinadas relaciones. *"Una totalidad vivida ordenada y organizada tecnológicamente en los modos de operar y conceptualmente en los modos de pensamiento por los cuales los hombres se mueven y son movidos".[4]*

La filosofía es un discurso racional sobre la totalidad, llámese a ésta: el ser, la verdad, el Estado, la sociedad, la historia, la ciencia y el conocimiento. Ella parte de la necesidad de fundamentar y teorizar sobre la totalidad de la ideología. Esta teorización pretende ser lo más general, lo más abstracta; la unidad conceptual de un todo, de una formación social y cultural.

Una forma superior de la teorización de la ideología es la filosofía, su gran importancia radica en que constituye el laboratorio de la abstracción teórica, proveniente de la ideología pero tratada por ella misma como teoría.

La productividad impone una lógica; una racionalidad interna, una teoría del funcionamiento basada en la abstracción de la experiencia en el empirismo; una fundamentación de la moral basada en la utilidad, concebida como máximo placer en el utilitarismo; una concepción de la verdad fundada en las consecuencias prácticas de la teoría en el pragmatismo.

---

[3] Ludwig Wittgenstein, *Investigaciones filosóficas,* IIF, UNAM, México, 1988, p. 21.
[4] Kurt Lenk, "El concepto de ideología" en Herbert Marcuse, *Acerca de la ideología en la sociedad industrial altamente desarrollada,* Ed. Amorrortu, Buenos Aires, 1997, p. 356.

La filosofía en el capitalismo propondrá los elementos necesarios, ciertas proposiciones básicas que funcionan casi como axiomas, de los cuales se deriva el conjunto de creencias del hombre en la sociedad global. Por ejemplo: la bondad depende de la utilidad de las consecuencias prácticas de la acción (tesis del utilitarismo).

"El imaginario simbólico es un sistema de imágenes, representaciones, ideas, símbolos, conceptos, creencias, esquemas de acción, hábitos, actitudes y sistemas de valores interrelacionados entre sí, así como las instituciones que las posibilitan".[5]

La filosofía es un sistema teórico que articula los elementos contradictorios de una cultura y que contiene los principios generales abstractos que integran la diversidad de expresiones culturales.

La filosofía según Gramsci, es **la arquitectura conceptual de una cultura.**

La filosofía es la expresión conceptual de una cultura. La filosofía como forma de conciencia social tiene un funcionamiento orgánico en la sociedad. La cultura es una totalidad orgánica cuyos elementos se interrelacionan entre sí, sin un orden fijo.Sin embargo, presentan estructuras constantes de pensamiento y de acción, como Banda de Moebius.

"En la sociedad industrial el aparato técnico de producción y distribución funciona como un conjunto de meros instrumentos que sin más trámites, podrían ser aislados de su contexto social y político, más bien funcionan como un aparato que determina a priori, tanto el producto como las actividades individuales y sociales, tendientes a servirla, es decir establece las necesidades socialmente urgentes, los oficios, las capacidades y actitudes, por esta vía las formas de control social y de la trama social".[6]

En esta investigación analizo y reflexiono sobre la filosofía del pragmatismo y su influencia en la cultura global.

Mi interés principal en el *Pragmatik way of Life* es reconstruir los fundamentos filosóficos del capitalismo como estructuras filosóficas que articulan, fundamentan y legitiman el sistema de valores de la cultura global.

El *American way of life*es el paradigma de la sociedad global.

El americanismo es el espíritu de la modernidad, la realización de una utopía tecnológica. "El americanismo es el fenómeno de la sociedad moderna que deviene de la necesidad de llegar a una economía planificada y a la generación de un nuevo tipo *de trabajador conforme a una industria "fordizada y racionalizada", actualmente NEOFORDISTA y TOYOTISTA.*

El sueño global ha sido el resultado de la producción intensiva fordista-taylorista-toyotista. El fordismo y el taylorismo son las tendencias contemporáneas que integran la innovación

---

[5] Elsa Martínez Ortiz, *El imaginario simbólico de la cultura anglonorteamericana,* Ángeles Asociados, México, 2005, p. 10.

[6] Kurt Lenk, "El concepto de ideología", p. 378.

tecnológica y la economía liberal penetradas fuertemente por la moralidad de la eficiencia y una ética protestante hacia el trabajo.[7]

El fordismo es el proceso de reiterada tentativa realizada por la industria para superar la ley tendencial de la caída de la tasa de beneficios, forma ultramoderna de producción y de modo de trabajo, tal cual es ofrecida por el tipo americano más perfeccionado, la industria de Henry Ford.

"La mayor prosperidad no puede excluir más que como resultado de la mayor productividad posible de los hombres y máquinas del establecimiento: es decir, cuando cada hombre y cada máquina están dando el rendimiento más grande posible".[8]

Asimismo abordaré cómo el protestantismo en Estados Unidos siempre ha actuado como organización política y funciona como la teología de la prosperidad al inyectar a cada individuo religioso, la idea de que Dios prospera en él y debe mostrar su prosperidad como prueba de que Dios está con él.

Todo hombre tiene una vocación, *vocare*, llamada, misión interior, aquello para lo cual nació, según sus aptitudes y capacidades. La administración buscará desarrollar su máxima productividad en su máxima calidad.

El toyotismo, derivado del Japón, diseñó el proyecto *Silver Line* en el que se integran la experiencia de las viejas generaciones y las innovaciones de las nuevas generaciones, para generar una mayor productividad. El proyecto de trabajo de apretar tuercas se transformó en un modelo de resolución de problemas método pedagógico de John Dewey y en el que revolucionó el toyotismo. Alemania aumentó su productividad 22% en la industria automotriz BMW, AUDI y Mercedes Benz enviados al mercado de China como artículos de lujo. China produce productos chatarra para países periféricos.

El sistema impulsa la individualización, el individualismo posesivo y el consumismo hedonista hasta convertirlo de hábito en acción. Todo tiende al perfeccionamiento físico intelectual-productivo, la limpieza obsesiva compulsiva, la delgadez, el cuidado del cuerpo, la belleza, la pulcritud. Cada individuo lucha por dar su mayor esfuerzo.

La filosofía pragmática es plástica y moldeable, se ajusta al liberalismo, al individualismo posesivo y al ideal de democracia. Cada individuo se encuentra como isla, solo, fragmentado, atomizado, cuidando su mayor productividad, desconectado de sí mismo y de los demás. Su imaginario simbólico lo convoca a ser el mejor, el único: este imaginario se siembra en el hogar por la madre y el padre.

"El universo presentó una estructura bipolar después de la Segunda Guerra Mundial. En la actualidad, en el Nuevo Orden Internacional, el imperialismo norteamericano, es la

---

[7] Antonio Gramsci, *Cuadernos de cárcel, notas sobre Maquiavelo, sobre política y sobre el estado moderno*, Ed. Juan Pablos, México, 1986, p. 282.
[8] Frederick W Taylor, *Principios de administración científica*, Ed. Herrera Hnos, México, 1985, p. 21.

potencia hegemónica en una estructura multipolar, por lo cual es necesario analizar y conocer los fundamentos filosóficos de esa cultura que influencia la cultura en general". [9]

El pragmatismo entiende como función un concepto en su estructura de uso, es decir, que depende de la finalidad de uso. Saber usar un concepto significa saber aplicarlo a una situación empírica, calcular sus efectos y sus consecuencias experienciales.

En el *Tractatus Logico-Philosophicus,* Wittgenstein plantea un isomorfismo entre la estructura de las proposiciones y la estructura de los hechos atómicos mientras que en las *Investigaciones filosóficas,* a través de los juegos del lenguaje, las estructuras lógicas del pensamiento se transforman, se integran en estructuras de acción.

A estas estructuras de acción, Heidegger las llama plexos referenciales de útiles, donde el "ser ahí" se relaciona prácticamente con objetos; personas, situaciones a la mano y en teoría, con objetos ante los ojos en un estado de ánimo o emocional, en el cual establece sus relaciones; se define, se pregunta por el sentido de la vida, sufre, llora, ríe, ama, siente miedo ante la muerte, se arriesga en la autenticidad o se oculta en el aplanamiento y se cuestiona el sentido de la vida y de la muerte.

La crisis actual del capitalismo no es más que un reordenamiento. Una transición hacia la amplitud, profundización y consolidación global de un nuevo orden que pretende constituir Estados cada vez más pragmáticos y convenientes al capital; a la inversión privada, al crecimiento económico y al desarrollo social, en este caso, desigual y combinado. Diremos inicialmente, que se trata de la constitución de un Estado global que domina al Estado nación para la aplicación de lineamientos políticos y económicos. Esta situación se presenta como una etapa del capitalismo, que en su fase global y bajo el predominio del modelo neoliberal, pasa como toda transición, como una etapa crítica, quebrando antiguos equilibrios y formando nuevos desequilibrios donde todo lo sólido se desvanece en el aire.

Entre los factores que han favorecido tal estado de cosas, podemos enumerar a nivel internacional, la caída del régimen socialista de la ex Unión Soviética y una parte importante de los países en su esfera de influencia; en lo económico, la gran movilidad del capital productivo y financiero que se desplaza de los centros tradicionales del capitalismo mundial –Europa Occidental, Estados Unidos y Japón— hacia los países periféricos, neo emergentes como China, Malasia, Indonesia, Tailandia, India, México, Argentina y Brasil, los cuales, han captado capital extranjero debido a los bajos costos salariales en el mercado global; y por último en lo ideológico, una revisión del papel del Estado en la economía.

En conjunto, los elementos señalados, constituyen el espíritu de la época y los aires del tiempo que soplan en la actualidad.

---

[9] Elsa Martínez Ortiz, *Pragmatismo y american way of life,* Ed. Torres y Asociados, México, 2002, p. 9.

1.2 Justificación del tema. Pragmatismo y Globalización

Necesariamente para entender dicha época, pasa por preguntarnos por los elementos que la constituyen. **¿Cuál es el paradigma filosófico de la globalización?** ¿Cuál es su modelo **cultural? ¿Cuáles son los sistemas de su pensamiento subsumidos en su modelo?** ¿Cuál es su imaginario simbólico? ¿Por qué ahora la cultura norteamericana se eleva como una utopía, como un paradigma y como la espiritualidad de la aldea global del Nuevo Orden Internacional?

En esta investigación me propongo el análisis del pragmatismo y su influencia en la cultura norteamericana, es decir, el americanismo. En este sentido, usamos el concepto acuñado por Gramsci, quien entiende al americanismo como "un fenómeno de la sociedad moderna que deviene de la necesidad de llegar a una economía planificada y a la generación de un nuevo tipo de trabajador conforme a una industria Fordizada y racionalizada".[10]

Asimismo, planteo la reconstrucción teórica de los fundamentos filosóficos de la cultura angloamericana, ya que considero que ha sido fruto de un largo proceso de evolución en el que se presentan diferentes momentos de su desarrollo histórico, como son:

- El **empirismo** y la acumulación originaria del capital
- El **utilitarismo** y la revolución industrial
- El **pragmatismo** y el *American way of life.*

Este itinerario es a la vez el derrotero de una **estructura de pensamiento** que se mantiene constante en el discurso angloamericano clásico y que se repiten al infinito, recreándose y reconstituyéndose, pero conservando su fundamento como estructura de poder y de saber global.

La productividad impone una lógica, una racionalidad interna, una teoría del funcionamiento basada en la abstracción de la experiencia en el empirismo; una fundamentación de la moral basada en la utilidad, concebida como máximo placer en el utilitarismo; una concepción de la verdad fundada en las consecuencias prácticas de la teoría.

Por lo anterior, mi meta es atender la emergencia, desarrollo, declinación y resurgimiento del pragmatismo norteamericano. Comprendiéndolo como un producto histórico y cultural de la civilización y como un conjunto particular de prácticas sociales que articulan algunos deseos, valores y respuestas que son elaboradas en aparatos institucionales. Por lo tanto, mi propósito es investigar el complejo sistema de pensamiento **liberal, empirista, utilitarista y pragmático que alimenta la formación discursiva norteamericana.** Que como se ha dicho, se pretende ser hegemónica a nivel global. Se trata en último análisis, de una americanización del mundo[i], y ella se inicia, por la **americanización de América**.

---

[10] Antonio Gramsci, *Notas sobre Maquiavelo, sobre política y sobre el estado moderno*, Ed. Juan Pablos, México, 1975, p. 304.

El ejemplo más emblemático de este fenómeno, es el llamado Consenso de Washington. Proyecto impulsado por Estados Unidos que promovió las privatizaciones, la apertura de los mercados con la desregulación a la inversión privada, la reducción de las funciones sociales del Estado, etc.

Para poder comprender estos procesos, es necesario entender el concepto de **globalización.** Para Saxe-Fernández, quien lo define en su libro *Globalización: Crítica a un paradigma* se trata de:

> *[...]un largo proceso multicausal de la internacionalización económica que se observa en el periodo posrenacentista y que adquirió gran fuerza después de la segunda mitad del siglo XIX, como resultado de la revolución industrial y la multiplicación de grandes unidades empresariales de base nacional que, con los antecedentes de las compañías mercantiles de siglos anteriores, empezaron a operar internacionalmente.[11]*

Según Ulrich Beck, en su libro *¿Qué es globalización?* "**La globalización es una lógica dominante que contiene en su seno una serie de lógicas complejas y multicausales que interaccionan entre sí**".[12]

Y junto con este concepto, es necesario para nosotros abordar otro, *el de pragmatismo*, que deriva de la palabra griega *pragma* (acción). Se trata de un concepto polisémico que va desde una **actitud** ante la vida, un modo de razonamiento y acción, hasta una **Weltanschauung**, es decir, "una suerte de auxiliar ideológico contable o medio práctico de trabajo y de logro de eficiencia".[13] También lo entendemos aquí, como una concepción del mundo que privilegia la puesta en práctica en la vida cotidiana de una determinada filosofía. Implica por lo tanto, una concepción filosófica acerca de la verdad. Es decir, es un método de análisis del significado de las proposiciones a partir de las consecuencias prácticas.

Desde esta perspectiva, el significado de un concepto o de una teoría, depende de su uso en la acción, su **utilidad** y sus efectos prácticos. Y ello se aplica también para el criterio de verdad, es decir, depende de la experiencia y de su utilidad.

> "El pragmatismo nació en Estados Unidos justamente como una actitud **cognoscitiva**, interdisciplinaria en la que ocurrió el esfuerzo de matemáticos, filósofos, psicólogos, teólogos, abogados y otros

---

[11] John Saxe Fernández, *Globalización, crítica a un paradigma,* Ed. Siglo XXI, México, p. 36.

[12] Ulrich Beck, *¿Qué es la globalización*?, Barcelona, Ed. Paidós, 2010, p. 8.

[13] José Luis Orozco y Ana Luisa Guerrero, *Pragmatismo y globalización,* FCPyS-UNAM y Ed. Fontamara, México, 1996, p. 9.

profesionistas con el objetivo de responder a las necesidades del desarrollo nacional […]

En la búsqueda de una hegemonía estadunidense, logró una hegemonía nacional y posteriormente casi mundial".[14]

Para el caso que nos ocupa y es nuestro deseo demostrarlo, **el pragmatismo** está presente en toda la estructura administrativa norteamericana, la cual busca una racionalidad tecnológica. Y aún más, esta concepción se decanta hasta los hábitos y costumbres del ciudadano medio, los cuales están permeados por esta concepción de **la verdad.** Por lo mismo, es también una filosofía de masas de la vida cotidiana, pues el sujeto se constituye en esta red de significaciones. "La psicología autóctona norteamericana que se relaciona con esta actitud de vivencia es formarse en el mundo por su pragmatismo y su pensamiento positivo".[15]

Sistema de actitudes, hábitos y valores, método de análisis, filosofía y *Weltanschauung*, en síntesis, "el pragmatismo, constituye un modo de razonamiento y acción que ha creado la historia contemporánea norteamericana".[16]

1.3 Planteamiento del problema

La caída del muro de Berlín, la crisis del socialismo realmente existente y la ruptura de la estructura bipolar del planeta, hizo de la cultura norteamericana una cultura hegemónica.

En esta investigación me interesa analizar **la cultura norteamericana** porque representa una modernidad que se construye a sí misma como hegemónica. Una modernidad, que en el marco del capitalismo y su fase actual, la globalización, se constituye, diremos inicialmente, por dos elementos: una visión lineal de la vida basada en la idea de progreso y prosperidad; y por otra, una en la que el hombre moderno es simplemente una versión mecánica, versátil, homogénea y automatizada, en la cual se vive en el individualismo posesivo, el hedonismo consumista, el narcisismo y el egocentrismo.

"Las personas se reconocen en sus mercancías, encuentran su alma en su automóvil, en su casa a varios niveles, y en el equipamiento de su cocina"[17], en su I-pod, en su celular, en su I-pad, en su horno de microondas y su TV de plasma, o como canta Janis Joplin: "Oh Lord: cómprame un Mercedes Benz".

---

[14]*Ibid,* p. 9.

[15] Vicente Verdú, *El planeta americano*, Ed. Anagrama, Barcelona, 1996, p. 8.

[16]*Ibid,* p. 9.

[17] Marshall Berman, *Todo lo sólido se desvanece en el aire, la experiencia de la modernidad*, Ed. Siglo XXI, México, 1989, p. 31.

Su alma está vacía y enajenada, en ella únicamente existe tensión y presión externas y dinamismo exterior que se traduce en ideas, necesidades y sueños que no son suyas, pues su vida interior está brutalmente administrada y programada para producir los bienes que el sistema social puede satisfacer. Nada más.

La ideología del *American way of life* impulsa la individualización, o sea, el individualismo posesivo por una parte, y por otra, planifica, colectiviza, programa y socializa. Así es como el individualismo se refuerza ideológicamente, y en el plano de la producción, se colectiviza para aumentar las ganancias. Es decir, se da un proceso de homogeneización en el consumo y la producción a nivel global.

Esbozaré **al pragmatismo como estructura** conceptual, estableciendo su relación con la cultura norteamericana y como filosofía de la cultura global. Pues el pragmatismo, constituye el núcleo conceptual, la articulación interna, el axioma, el *leit motiv* de la cultura norteamericana en general[18], y en específico, de la administración del trabajo y el consumismo de esa sociedad. Ello es así porque se trata de "un país sin gran tradición folklórica común, sin procesiones toscas y cosas por el estilo, los puntos de sutura están en buena parte representados por el repetido consumo de nombres industriales, nombres de empresas y artículos que hacen las veces de la nómina monumental en su soberanía capitalista". Y desde luego, de su política exterior, para luego transformarse en una filosofía cuya estructura cognoscitiva, ordena y organiza, todos y cada uno de los movimientos que tienen lugar en su esfera de influencia.

Asimismo, exploraré la arquitectura conceptual de su cultura en la vida diaria, pues su formación ideológica es una combinación, una interrelación y una coexistencia de subsistemas de pensamiento y hábitos de acción, originados en diferentes momentos del desarrollo histórico.

Esta convivencia de subsistemas se da en un sistema social en el que cumple una función de dominación y articulación interna, imponiendo a los demás; valores, creencias, esquemas de acción y reglas de funcionamiento, ya que el modo de vida es la totalidad de la cultura en el que las diferentes actividades, costumbres, hábitat, vestido, lengua, técnica, arte, derecho, política y religión se estructuran bajo determinadas relaciones.

> *Una totalidad vivida ordenada y organizada tecnológicamente en los modos de operar y conceptualmente en los modos de pensamiento por los cuales los hombres se mueven y son movidos.*[19]

A estas estructuras de acción Heidegger las llama plexos referenciales de útiles, donde el "ser ahí" se relaciona prácticamente con objetos, personas, situaciones a la mano y en teoría, con objetos ante los ojos, en un estado de ánimo emocional, en el cual establece sus relaciones, se define, se preguntan por el sentido de la vida, sufre, llora, ríe, ama, siente

---

[18] Vicente Verdú, *El planeta americano*, p. 59.
[19] Kurt Lenk, "El concepto de ideología", p. 356.

miedo ante la muerte, se arriesga en la autenticidad o se oculta en el aplanamiento y se cuestiona el sentido de la vida y de la muerte.

En fin, obtiene su sentido y su red de significaciones inmerso en un plexo referencial de útiles, en un juego del lenguaje o en un estilo de vida, donde el signo –útil-, te dirige, te hace, tal como sucede en la ergonomía.

> "A ese nivel se trata de una escuela práctica, que procura ante todo formar ciudadanos decididos con fuertes dosis de autoestima y confianza en sí mismos. Fuertes y aptos para desenvolverse dentro de la cancha de Estados Unidos, donde no sólo están, sino donde se supone que el mundo entero llegará a estar".[20]

Y en este sentido podemos decir que el modelo de vida desencadenado por el *American way of life* genera un **nuevo sistema de creencias** en el que se identifican conceptos centrales como el de **verdad, bondad, belleza,** y desde luego el de **utilidad**, mismos que constituyen el imaginario simbólico de la globalización. Y aún cuando se subsuman culturas subalternas se va formando así el *Pragmatik way of life*: un sistema de valores, actitudes, costumbres y hábitos de sometimiento total a la producción, a la utilidad y al disfrute en el consumo donde todo movimiento es controlado en función de su utilidad y toda verdad y valor derivan de la experiencia. Estos son elementos constantes en la mentalidad global.

1.4 Hipótesis

El pragmatismo es la filosofía dominante. Existe una arquitectura anglo norteamericana fundada en el empirismo, el utilitarismo y el pragmatismo, desarrolladas y construidas en momentos del desarrollo histórico de la formación social anglo-norteamericana.

Mi hipótesis es que la globalización es una lógica dominante que contiene una serie de subsistemas complejos y multicausales que interaccionan entre sí. Entre ellas, las siguientes:

- Empirismo, Utilitarismo, Pragmatismo, Liberalismo /Neoliberalismo, Darwinismo social, Protestantismo, Positivismo, Positivismo lógico, Informática – Robótica, Cibernética, Fordismo, Taylorismo, Realismo político, Estructural-funcionalismo.

---

[20] Jacques Rivera y Sofía Marcela (Coord.), *Teoría de la historia,* Colegio de Ciencias y Humanidades-UNAM, México, 2000, p. 210.

Éstas son las estructuras conceptuales, estructuras de saber y estructuras de poder que constituyen la arquitectura conceptual o fundamentación filosófica de la globalización.

La *Weltanschauung* global es la sinergia entre estas teorías, lógicas y espiritualidades que se cruzan, se entrecruzan, se separan y a veces entran en contradicción.

Es como una dialéctica conceptual en donde las estructuras se contradicen y otras se armonizan, se complementan en un juego dialéctico.

1.5 Reflexiones en torno a la metodología

La teoría de Marx es una metodología de análisis que pretende una reflexión sobre la función de la filosofía. Reflexión crítica de la estructura social, de sus elementos e interacciones, es decir, el mapeo de los elementos sociales y su función social. La radiografía del sistema unido a la heurística como la reconstrucción de lo que realmente ocurre, reflexión sobre lo que sucede.

El Marxismo es una explicación efectiva sobre los vínculos de lo económico, lo social y lo político, pensar es generar nuevas estructuras de la vida social.

La escuela de los Annales no es la historia narrativa sino la cultura, que como problema de investigación, pretende una visión global, abre su perspectiva a fenómenos sociales y económicos.

Reconoce la tradición oral en la reconstrucción de las mentalidades.

La Filosofía es una forma de conciencia social que busca la integración global.

La verdad se construye.

La historia se construye, es una construcción cultural.

Es un CONSTRUCTO.

La filosofía debe tomar en cuenta la historia de los excluidos, marginados, por ejemplo: migrantes, desempleados, mujeres, jubilados, desaparecidos, homosexuales, adictos a las drogas.

En efecto, en las últimas elecciones estos grupos votaron por Obama y esto contribuyó a presionar a Obama en favorecer sus planteamientos.

Cesáreo Morales en su libro *Fractales. Pensadores del acontecimiento,* afirma que el hombre "se aleja irremediablemente de la luminosidad fugaz, ya no del vivir bien, sino del simple y desnudo vivir. Cada quien ha de asumir su ser desechable".[21]

Ante la fragilidad de la vida, ante la violencia, en un mundo globalizado "mientras el dolor adquiere toda su intensidad, cuando el sol termina su ciclo de ocultamiento".[22]

En un trabajo de investigación, las cuestiones metodológicas son las más difíciles y las de mayor importancia. A continuación, señalaremos los aspectos más relevantes para el desarrollo de la nuestra:

La fragilidad de la vida ante la violencia en un mundo globalizado.

Aprender es justamente constituir ese espacio del encuentro con los signos, en donde los puntos se cambian unos por otros y donde la repetición se forma al mismo tiempo que se disfraza. Se trata pues de pensar el acontecimiento.

El marxismo es una explicación efectiva sobre los vínculos de lo social y lo político. El pensamiento genera cambios y forja nuevos lineamientos para estructurar la vida en sociedad.

En su trabajo de investigación, las cuestiones metodológicas son las más difíciles y las de mayor importancia. A continuación, señalaremos los aspectos más relevantes para el desarrollo de la nuestra:

"La escuela de los Annales, representada en la figura de Lucien Febvre, hace presente y relevante, la importancia del planteamiento del problema y la formulación de la hipótesis. Y nos dice: "me veo obligado a declarar en bien del oficio, de la técnica, del esfuerzo científico, que si el historiador no se formula hipótesis para resolverlas, está atrasado con respecto al último de nuestros campesinos.*"[23]*

Braudel concibe a la historia misma como todo el conjunto de los desarrollos y aportes de diversas ciencias del desarrollo social humano en el tiempo. Pero la división misma que conforma a la historia con respecto a otras disciplinas de lo social, no es una realidad cuestionada en su núcleo por la corriente de los Annales.

"Para Fernando Braudel, en cambio, de lo que se trata es justamente de negar la legitimidad misma de esas barreras disciplinarias, restituyendo la unidad esencial y profunda de esa historia integrada de los hombres".*[24]*

---

[21]Cesáreo Morales, *Fractales. Pensadores del acontecimiento,* Siglo XXI, México, 2007, p. 9.
[22]*Ibid.*
[23]Lucien Febvre, *Combates por la historia,* Planeta Agostini, Barcelona, 1993, p. 44.
[24] Carlos Aguirre Rojas, *Braudel y las ciencias humanas,* Biblioteca de Divulgación Temática N°66, Ed. Montesinos, Madrid, 1996, p. 130.

II. Fernando Braudel aporta una concepción metodológica a las ciencias sociales y a la comprensión del desarrollo histórico, con la idea de que este último debe ser entendido como un **proceso de larga duración.**

En ese sentido, la escuela de los Annales, nos aporta también una idea clave: el capitalismo en su fase superior, la globalización son procesos de larga duración histórica. Se inician en el siglo XV y XVI y continúa hasta el siglo XXI.

Fernando Braudel, con gran dominio en el tratamiento y verificación de los documentos históricos, así como en el oficio y los métodos de la más tradicional erudición historiográfica: aporta a la concepción de que el capitalismo es un proceso de larga duración. [25]

III. Por último, la Economía-Mundo, explicada por Immanuel Wallerstein, será fundamental para el desarrollo de nuestro trabajo.

> *Hay países que marcan el ritmo del desarrollo capitalista, en un principio solamente son países europeos, pero hoy tenemos otros como los Estados Unidos, que son el centro. Otros dependen de ellos y se mueven a su ritmo, complementando su economía, como América Latina y son la periferia. Pero existen otros, que por diferentes motivos como ocurre con Cuba, no tienen una relación directa con el centro, pero de alguna manera se relacionan con él e influyen en su economía por su cercanía con la periferia, ellos son la semiperiferia.* [26]

1.6 Objetivos

Mi meta es atender la emergencia, desarrollo, declinación y el resurgimiento del pragmatismo. Analizarlo en sus fundamentos y su influencia en la cultura hegemónica estadounidense. Realizando también, la reconstrucción teórica de los fundamentos filosóficos del capitalismo norteamericano.

Reflexionaré sobre el Nuevo Orden Internacional y sus estructuras conceptuales, así como su relación con el pragmatismo.

Describiré, explicaré y delinearé un concepto de globalización.

Expondré la reconstrucción teórica de los fundamentos filosóficos de la cultura global.

---

[25] Carlos Aguirre Rojas, *Braudel a Debate. Ensayo sobre su itinerario intelectual,* JGH Editores México, México, 1997, p. 34.
[26] Jacques Rivera y Sofía Marcela (Coord.), *Teoría de la historia, op. cit.,* p. 210.

1.7 Exposición de motivos

Desde el inicio de mi investigación me propuse el análisis de algunos fundamentos filosóficos del capitalismo. Considero a este sistema y su estilo de vida, como un proceso de larga duración generado a partir de la acumulación originaria de capital, que posibilita la transformación radical de los medios y modos de producción hasta el advenimiento de la cibercultura. En general se trata de un proceso de "desposesión" del trabajador global, que ingresa a la producción como una mercancía, como trabajo abstracto que se intercambia por un salario equivalente al costo de la reproducción de su fuerza de trabajo y cuya plusvalía pasa a manos del capital global en un intercambio globalizado.

Las crisis periódicas del capitalismo generan la tendencia a la baja de la tasa de ganancia, por lo que la industria norteamericana se propuso intensificar la productividad para aumentarla. Al intensificar la producción mediante la administración taylorista y los estudios rigurosos de espacios, tiempos y movimientos, se consiguió aumentar la tasa de ganancia y posibilitar unas políticas de altos salarios que a su vez intensificaron el consumo. Posteriormente, este modelo fue modificado con nuevas técnicas del toyotismo.

En este esquema, la felicidad se identifica con la prosperidad, con la producción de objetos-servicios-mercancía. A mayor productividad mayor beneficio, supuestamente para todos. Presupone el máximo beneficio tanto para el capitalista como para los empleados. El liberalismo clásico y el utilitarismo coinciden en reconciliar al individuo y a la sociedad; el bienestar colectivo es un esquema mental basado en la lógica del uno más uno. El bienestar de todos y cada uno de los individuos debe posibilitar el bienestar del conjunto. Esto sería cierto si no hubiera apropiación del excedente por parte del capitalista en el proceso de globalización y de una disposición cotidiana de la energía de los empleados. Daniel Bell concibe que el **interés colectivo** es imposible.

El corazón de esta investigación radica en la reconstrucción de los fundamentos filosóficos del capitalismo angloamericano, es decir, las diferentes concepciones filosóficas que la constituyen: empirismo, utilitarismo, positivismo, pragmatismo, positivismo lógico, darwinismo y demás. Todas ellas como estructuras filosóficas que articulan, fundamentan y legitiman el sistema de valores de la cultura de la modernidad, cuyo modelo hegemónico es la cultura norteamericana. Un americanismo que es el espíritu de la modernidad y cuya realización es también, utopía tecnológica, moderna y postmoderna.

Considero que la filosofía sintetiza estas tendencias básicas, conformando un sistema de pensamiento que funciona, en este caso, como lógica del capitalismo que articula las actividades y representa al mundo globalizado.

En este proyecto quiero demostrar la filosofía de la globalización; los elementos básicos necesarios que funcionan casi como axiomas, de los cuales se deriva el conjunto de creencias del hombre en la sociedad capitalista. Por ejemplo: la verdad deriva de la experiencia, tesis argumentada por el empirismo; la bondad depende de la utilidad, tesis sustentada por el utilitarismo; y la verdad depende de la utilidad, de las consecuencias prácticas de la acción, tesis del pragmatismo. De tal manera que la globalización se encuentra sintetizada, abstraída, y fundamentada en ciertos subsistemas filosóficos.

Estas filosofías integran elementos importantes del imaginario simbólico de la globalización. Explicar la arquitectura conceptual de dicho imaginario, es la motivación central de esta investigación.

Por último, sólo falta mencionar la estructura del trabajo. En la introducción se bosqueja gradualmente el escenario político internacional del mundo global y su relación con el pragmatismo.

En el primer capítulo se explican los usos y significados del pragmatismo: como concepción del mundo; como método de análisis que influenció a Wittgenstein y a la filosofía inglesa; como fundamento de hábitos, actitudes y costumbres del ciudadano global; como concepción epistemológica, síntesis del empirismo y el utilitarismo; y como lógica del sistema que busca una máximo de beneficios y un mínimo de costos.

Asimismo, se explica la influencia del pragmatismo en la organización del fordismo, taylorismo y toyotismo. Y se aborda la forma en que esta corriente, se ha constituido como un modo de actuar en el mundo globalizado, sobrevalorando los hechos, la ciencia, la experiencia y la utilidad. A la vez, se explora la forma en que se constituye al pragmatismo como fundamento de las relaciones internacionales.

En el segundo capítulo, se analiza la influencia del pragmatismo en el expansionismo norteamericano, mostrando la presencia de diferentes teorías y filosofías con las cuales interaccionan.

- LIBERALISMO CLÁSICO
- TEORÍA DE LA FRONTERA
- EMPIRISMO
- UTILITARISMO
- PURITANISMO
- DARWINISMO

En el tercer capítulo, se explora la relación entre el pragmatismo y el nuevo orden internacional. En el cuarto capítulo explicaré qué es el Nuevo Orden Internacional, y en el capítulo quinto se realizan la reconstrucción teórica de los fundamentos filosóficos y culturales de la globalización y su relación con el pragmatismo. Por último, procederé a las conclusiones donde recapitulo los elementos necesarios para demostrar mi hipótesis:

1. El pragmatismo es la filosofía dominante en el nuevo orden internacional.

2. La globalización es una serie de sistemas, subsistemas, teorías y espiritualidades que articulan, organizan, jerarquizan, justifican, verifican y validan el sistema de mercado en el nuevo orden internacional.

II. CONCEPTO DE PRAGMATISMO

2.1 Orígenes y antecedentes

Si tenemos en cuenta, desde el término de la Segunda Guerra Mundial, la hegemonía de la reacción imperialista mundial ha ido pasando cada vez más de lleno a manos de los Estados Unidos, quienes en este sentido, han venido a sustituir a Inglaterra. Sería necesario en realidad, escribir la historia de la filosofía en aquél país para poder poner de manifiesto de dónde provienen, desde el punto de vista social y en el plano espiritual, las actuales ideologías del siglo norteamericano dónde hay que buscar las raíces sociales y espirituales en estas ideologías actualmente en boga.

La ideología norteamericana constituye hoy en día, la ideología dominante que organiza nuestras formas de vida, dada nuestra dependencia con respecto al imperialismo. La importancia del análisis del pragmatismo consiste en explicitar las raíces sociales y espirituales de la ideología norteamericana. Me interesa investigar sus orígenes, su desarrollo y su consolidación, explicitar sus principios y reglas de funcionamiento de esta ideología en la medida de mis posibilidades, por lo cual me propuse analizar tres momentos del desarrollo del pensamiento angloamericano para muestrear este proceso: empirismo, utilitarismo y pragmatismo, que conforman el imaginario simbólico anglo-norteamericano.

En este capítulo analizaré el pragmatismo y su relación con el capitalismo global.

Hay personas, y yo soy una de ellas, que piensan que la cosa más práctica e importante en el hombre es su punto de vista acerca del universo. Creemos que si un general en campaña debe conocer el número de tropas del enemigo, aún es más importante para él saber cuál es la filosofía del enemigo.[27]

El pragmatismo ha sido uno de los elementos más importantes de la filosofía norteamericana en el siglo veinte.

El método pragmático trata de interpretar cada noción, trazando sus respectivas consecuencias prácticas.

El pragmatismo es un método de análisis del significado de las proposiciones a partir de las consecuencias prácticas o efectos que genera tal enunciado; encontramos en el pragmatismo un rechazo a la metafísica y una interpretación de la verdad en relación a su utilidad. El conocimiento pragmático es el conocimiento basado en la experiencia. En este sentido, nos encontramos frente a una renovación del empirismo en el siglo veinte. Esta filosofía, presenta dos niveles:

- El nivel de la teoría del conocimiento que propone claramente interpretar el significado de un concepto o de una teoría en relación a sus consecuencias prácticas.

---

[27]William James, *Pragmatismo*, Edit. Aguilar, Buenos Aires, 1975.

• El nivel de las actitudes implícitas en esa teoría del conocimiento. Una de éstas es la sobrevaloración del conocimiento práctico, derivada de la tradición inglesa empirista y la devaluación de lo espiritual y lo emocional.

Otra de las actitudes presentes es la interpretación de la verdad de la teoría en términos de su utilidad. En este sentido, observamos sus orígenes utilitaristas, otra vez ingleses.

Estas actitudes son representativas del modo de ser norteamericano. Esta filosofía, en cierto sentido, atestigua el antiguo rigor del protestantismo, modificado por el utilitarismo o el trascendentalismo, generando la mentalidad norteamericana. Podríamos sugerir que el pragmatismo es la aplicación del utilitarismo a la teoría del conocimiento.

Como nación, no sólo gozamos al presente de una prodigiosa medida de prosperidad, sino que, usándola debidamente, poseemos la garantía de un éxito futuro, como no lo tendrá ninguna otra nación.

Esta actitud optimista frente al éxito del desarrollo técnico científico preparaba un nuevo punto de vista, una nueva filosofía, una nueva visión del mundo, un nuevo sistema de actitudes frente al conocimiento.

El Imperio Británico se había expandido hacia la India, África, China, Australia y Canadá, agrupando la cuarta parte de la población de la tierra y constituyendo la potencia militar, naval y comercial bajo el reinado de Victoria. Por su parte el ImperioRuso ocupaba la sexta parte del territorio mundial y el Imperio francés, habla dirigido su colonialismo hacia África y el sureste asiático; Bélgica se había apoderado del Congo y Holanda tenían intereses en África y en Asia.

A su vez, el Imperio Otomano se extendía hacia los Balcanes en países como: Serbia, Rumania, Bulgaria y Grecia, en tanto que, el Imperio japonés había derrotado a Rusia en la guerra que esos países libraron de 1904 a 1905.

La amenaza de Alemania y el Imperio Austro Húngaro provocó la alianza del Imperio ruso, británico y francés, y posteriormente del norteamericano durante la guerra mundial.

Con respecto a la situación de Norteamérica, tendríamos que considerar que:
La guerra civil (1861-65) marca el punto de flexión de la economía de los Estados Unidos, que de una estructura preponderantemente agropecuaria se proyecta hacia un vigoroso desarrollo industrial y financiero. La guerra civil significó la quiebra del sistema esclavista de la gran explotación agrícola del sur y el triunfo del sistema capitalista industrial basado en el trabajo asalariado.

El vigor del desarrollo industrial de los Estados Unidos a partir de la guerra civil fue tan grande que cinco años después de terminada la contienda, para 1870, se colocó en el segundo lugar en escala mundial por el valor de su producción industrial al aportar el 23 por ciento del total, siendo superado solamente por el Reino Unido, al que correspondió el 32 por ciento de la producción manufacturera mundial. Para finales del siglo XIX, los Estados Unidos desplazaron al Reino Unido del primer lugar, y en 1913 su aportación fue del 36 por ciento de la producción industrial mundial.

Estados Unidos de Norteamérica se coloca entonces en el primer lugar como potencia industrial. Este liderazgo genera paralelamente, el *American way of life*, basado en la mentalidad pragmática, productivista.

El *American way of life* es un sistema de valores, actitudes, costumbres y hábitos de sometimiento total a la producción y de disfrute en el consumo. Todo movimiento es ordenado y controlado en función de su utilidad. Toda verdad y valor derivan de la experiencia. Estos son elementos constantes que aparecen en toda mentalidad norteamericana.

El pragmatismo es el análisis de la experiencia en el siglo XX, significa por una parte, como ya dijimos anteriormente, que es una renovación del empirismo y, por otra, se trata de una adecuación a la experiencia del siglo XX (expresada ahora en términos de cálculo probabilístico).

La doctrina de que el significado total de una concepción se expresa en consecuencias prácticas, bien en la forma de conducta a recomendar, o bien, en la de experiencias que se deban esperar, si la concepción es verdadera; o el que las consecuencias serían diferentes si fuese falsa y además el que tienen que ser diferentes de las consecuencias por las cuales se expresa a su vez el significado de otras concepciones. Si una segunda concepción no tiene aparentemente otras consecuencias, entonces sólo debe tratarse en realidad de la primera concepción bajo distinto nombre.

En metodología resulta cierto que, rastrear y comparar sus consecuencias respectivas, constituye un medio admirable para establecer los diferentes significados de concepciones diferentes.

La conclusión general es que, por lo tanto, las partes de la experiencia se mantienen unidas unas a otras por relaciones que son a su vez, partes de la experiencia.

En una palabra, el universo aprehendido directamente, no necesita ningún sostén transempírico que lo una, sino que posee por propio derecho una estructura concatenada o continua.

La experiencia significa para el anglo-norteamericano el punto de partida y el sistema de referencia para el conocimiento y la acción. El sistema de valores y actividades del *American way of life*, se dirige hacia la experiencia como fundamento de la acción. En estas condiciones, el pragmatismo es la filosofía de la vida cotidiana del *American way of life* y este modo de vida ha sido resultado del asombroso progreso industrial y económico de los EE.UU., que en la segunda mitad del siglo XIX y principios del XX, creó los monopolios más importantes de su historia presente.

Un año después se publica el Pragmatismo de William James, esta proximidad en el tiempo es indicativa del sistema de valores que estimulaba la conformación de una filosofía nacional del hombre de acción. En la vida cotidiana del ciudadano medio norteamericano se pone en funcionamiento todo el mecanismo de las transnacionales, operando bajo el principio: la verdad depende de las consecuencias prácticas que se deriven de la teoría. Y de tales consecuencias prácticas ha derivado el *American way of life.*

El modo de vida norteamericano lo podríamos presentar así:

Por la mañana hablo por celular para conocer mi estado de cuenta en el Bank of America o en el First National City Bank; compro un seguro de vida en Prudential;recibo una boleta de pago del Pacific Gas &Electric;me acuesto con sábanas Triniton;tomo un baño con Procter &Gamble;desayuno con alimentos producidos por la General Food yrefrigerados por General Electric;corto mi pan con cuchillos de la U.S. Steel y lo tuesto en una Westinghouse Electric. Me tomo mi medicina para el stress de la DuPont o de la Dow Chemical;me transporto en mi Cadillac producido por General Motors, tomo gasolina en Standard Oil Co. o en Shell Oil dependiendo del mejor precio, y compro llantas de la Goodyear Tire & Rubber. Tomo mi avión de la Lockheed Aircraft porque voy a comprar equipo industrial y computadoras de la Apple.

Todo el sistema de vida está organizado por el principio del pragmatismo: la verdad depende de la utilidad de las consecuencias prácticas, una idea es verdadera en tanto que creerla es beneficioso para el *American way of life.* El mundo de la eficiencia y de la productividad es el mundo del ciudadano medio norteamericano.

El empirismo es el análisis de la experiencia, la experiencia constituye el punto de partida para derivar conocimiento, el área donde se aplican las consecuencias de la teoría y el proceso donde se valida o invalida la teoría.

Sería interesante analizar prolijamente cómo esta actitud vital de practicidad se transforma en una teoría del conocimiento y en una metodología oficial. Si bien William James no dice que estas acciones prácticas puedan ser morales o inmorales, deja la puerta abierta a toda acción que reporte utilidad.

Pierce recomienda: Abra los ojos y describa lo que ve, no haga distinción entre lo bueno y lo malo. Así por ejemplo; John D. Rockefeller, el principal hombre de acción inversionista en el monopolio petrolero: la Standard Oil Company, asume este criterio de verdad en relación a la utilidad y la ganancia, utilizando toda clase de acciones, tales como la destrucción de propiedades a competidores, el soborno a las autoridades, el control y la guerra de precios, el control de patentes. Toda acción es válida en función de las consecuencias prácticas útiles. Se establece una relación directa entre pensamiento y acción, el pensamiento sólo adquiere significado en relación a la acción y a la utilidad de las consecuencias prácticas. En una palabra, las convicciones son realmente reglas para la acción; y toda la función del pensamiento no es más que un paso en la producción de hábitos de acción.

Ahora bien, en un momento de ascenso del imperialismo norteamericano se formula una filosofía que identifica a la verdad con la utilidad, William James, cuya filosofía, es decir, el pragmatismo ganó admiradores en Europa en los primeros años del siglo XX. Se proponía una tendencia saludable, traer la filosofía a la tierra firme de la experiencia y del sentido común: Reconociendo la tradición empirista, William James, insiste en la experiencia como fundamento del conocimiento para el proceso de verificabilidad. La verdad de una teoría depende de las consecuencias prácticas de la acción, por lo cual, el pragmatismo es una forma de empirismo radical.

El empirismo consiste primero en un postulado, después en una aseveración del hecho, y finalmente en una conclusión general.

El postulado es que las únicas cosas susceptibles de la discusión entre los filósofos sean cosas en términos obtenidos de la experiencia. Esto es una primera versión del fisicalismo.

La aseveración del hecho es que las relaciones entre las cosas, tanto conjuntivas como disyuntivas son materia de experiencia particular directa, ni más ni menos que las cosas mismas.

2.2 Los pragmatistas norteamericanos y la filosofía moderna

El pragmatismo es un nuevo nombre para una vieja filosofía, el utilitarismo inglés. El pragmatismo es una nueva presentación del empirismo radical, debido a la sobre valoración de la experiencia y a la reducción total de la teoría a los hechos. Es un método que establece la identidad entre verdad y utilidad, en este sentido, es un derivado directo del utilitarismo.

El método pragmático consiste en considerar que la verdad de una proposición depende de las consecuencias prácticas de dicha proposición, de su utilidad práctica.

Una idea es verdadera en tanto que creerla es beneficioso, por ejemplo: si la verdades lo útil, la creencia en lo absoluto es verdadera cuando proporciona un consuelo religioso a cierta clase de espíritus.

La actitud pragmática se revela hasta en esta búsqueda de confort espiritual. Primero lo llamé mayestático y dije que aportaba un consuelo religioso a cierta clase de espíritus, después lo acusé de estéril, tiene un valor, puesto que realiza una función concreta, como buen pragmatista, yo mismo debería llamar a lo absoluto cierto en tanto que o ahora lo hago sin vacilar.

He aquí el pragmatismo aplicado a la religión, en tanto que proporciona seguridad, felicidad, Dios es una hipótesis útil para la vida humana, y por esta razón, el pragmatista la considera verdadera.

El pragmatismo es la contribución norteamericana más original e influyente a la tradición filosófica. Fue un modo de pensar distintivo del Nuevo Mundo, el cual, a pesar de la reacción adversa de los filósofos rivales, tuvo un efecto potente sobre el desarrollo de la filosofía moderna. Significativamente los descubrimientos en la ciencia moderna crecientemente se han apoyado en los principios del pragmatismo y durante la última mitad del siglo pasado, los científicos se han manifestado progresivamente dispuestos a presentar sus ideas, teorías y conclusiones en términos que serían altamente congénitos al movimiento pragmático en filosofía. Por lo tanto es imperativo que nos familiaricemos desde un comienzo con los principios básicos del pensamiento pragmático.

El utilitarismo es la concepción ética política dominante en el capitalismo que concibe la tríada: la felicidad, la utilidad y el placer como el fundamento de la moral.

El credo que acepta la utilidad o principio de la mayor felicidad como fundamento de la moral, sostienen que las acciones son justas en la proporción con que tienden a promover la felicidad, e injustas en cuanto tiendan a producir lo contrario de la felicidad. Se entiende por felicidad el placer y la ausencia de dolor; por infelicidad, el dolor y la ausencia del placer.

El utilitarismo es la expresión filosófica de la Revolución Industrial producida en los siglos XVIII y XIX, que expresa el ímpetu del desarrollo técnico científico, la vehemencia del desarrollo económico y la transformación de la moral capitalista.

La ideología es una unidad conceptual de la concepción política, económica, la teoría del conocimiento, la fundamentación moral y religiosa que organiza un sistema de prácticas y actitudes, es decir, el imaginario simbólico.

Se puede decir que el espíritu capitalista se expresa en el utilitarismo, que consiste en un nuevo sistema de valores y actitudes frente a la vida, organizados bajo el principio del placer. El concepto de felicidad abandona la vida *postmortum*, y se reconcilia con el placer y la utilidad.

La utilidad no sólo incluye la búsqueda de la felicidad, sino también la prevención o mitigación de la desgracia. Ejemplo: Empresas de seguros, obtienen ganancias y utilidades megamillonarias.

En el cristianismo, el sacrificio es bueno por sí mismo, mientras en el utilitarismo el sacrificio es un bien si se dirige a la utilidad.

Máximo de productividad. Máximo de utilidad. Máximo de beneficio.

La subjetividad humana se dirige totalmente hacia lo objetivo.

Las fuentes del placer son diversas: el amor a la libertad, al poder, a la belleza, y al dinero, la conciencia y la reflexión.

Las sanciones externas serían la aprobación o reprobación de su grupo social inmediato, la sanción interna sería la conciencia del deber, o sentimiento de culpa, en caso de violación del deber; el placer le ocasionaría la aprobación social o la aprobación de la conciencia individual.

Atestigua que en el capitalismo, el dinero es la síntesis de relaciones sociales, y el ideal por excelencia.

Recibe cierta influencia del trascendentalismo de Thoreau, en el sentido de buscar satisfacer cierta necesidad religiosa metafísica; de armonizar la concepción del mundo.

El "Pragmatik way of life" es un sistema de valores, actitudes, costumbres y hábitos de total sometimiento a la producción así como del pleno disfrute en el consumo. Por ejemplo, en un Starbucks con diseño budista asceta, se cruza el ascetismo budista y el hedonismo estadounidense cosmopolita.

"La tragedia moral de la vida humana procede, casi por entero, de la ruptura del lazo que normalmente une la visión de la verdad a la acción y de que este sentido íntimo de la realidad eficaz no acompaña a ciertas ideas".[28]

La experiencia significa para el angloamericano el punto de partida y el sistema de referencia tanto para el conocimiento como para su acción en el sistema de valores y actitudes del "*American way of life*". Todos los países aspiran y suspiran por el *American way of life*, volviéndose este mundo y su cultura global un *Pragmatik way of life*.

---

[28]*Ibid,* p. 24.

El mundo del ciudadano medio norteamericano es el mundo de la eficiencia y la productividad.

El uso de la fórmula "La verdad depende de las consecuencias prácticas beneficiosas" es tan amplia y general que puede justificar consecuencias correctas e incorrectas, verdaderas y falsas, totalmente sujetas a un juicio subjetivo, dependiente de para quién sean beneficiosas o útiles.

Se establece una relación directa entre pensamiento y acción, el pensamiento sólo adquiere significado en relación con las acciones que produce y la utilidad que genera.

2.3 William James y el surgimiento de la filosofíanorteamericana

William James escribe *Pragmatism*en 1907, en un momento de surgimiento de EE.UU. como potencia industrial y en una situación de reajuste del imperialismo mundial. El optimismo en la mentalidad norteamericana basado en su desarrollo técnico y científico, preparaba su ascenso como potencia industrial.

Ahora bien, en un momento de ascenso del imperialismo norteamericano se formula una filosofía que identifica a la verdad con la utilidad, William James, cuya filosofía, es decir, el pragmatismo ganó admiradores en Europa en los primeros años del siglo XX se proponía una tendencia saludable, traer la filosofía a la tierra firme de la experiencia y del sentido común: Reconociendo la tradición empirista, William James, insiste en la experiencia como fundamento del conocimiento para el proceso de verificabilidad. La verdad de una teoría depende de las consecuencias prácticas de la acción, por lo cual, el pragmatismo es una forma de empirismo radical.

El empirismo radical consiste primero en un postulado, después en una aseveración del hecho, y finalmente en una conclusión general.

El postulado es que las únicas cosas susceptibles de la discusión entre los filósofos sean cosas en términos obtenidos de la experiencia…, esto es una primera versión del fisicalismo, todo debe ser observable, medible, verificable.

La aseveración del hecho es que las relaciones entre las cosas, tanto conjuntivas como disyuntivas son materia de experiencia particular directa, ni más ni menos que las cosas mismas.

El Pragmatismo de William James concibe que la verdaddepende de sus consecuencias prácticas.

William James insiste en la experiencia como fundamento del conocimiento para el proceso de verificabilidad. El pragmatismo es una forma del empirismo radical.

La relación entre pragmatismo y utilitarismo radica en que ambos conciben la verdad y el bien solamente en relación con la experiencia.

James establece una indiferenciación entre la bondad y la verdad, y esta identificación representa la sobrevaloración de la eficiencia técnica, productiva y epistemológica en el pragmatismo. Para el ciudadano global constituyen una serie de principios que funcionan casi como axiomas, de los cuales deriva toda su valoración del mundo; si la verdad depende de la utilidad y la bondad depende también de la utilidad, tanto sus juicios morales como epistemológicos giran en torno al concepto de beneficio, placer, utilidad; por lo cual considero que el pragmatismo es sólo una adaptación del utilitarismo inglés a la mentalidad norteamericana.

El Hedonismo colectivo apareció formalmente en el nivel teórico, y en los hechos, lo que realmente se dio fue el hedonismo individualista, el individualismo posesivo y el hedonismo consumista. Es un diseño de hombre que cree vivir en el placer, pero es un hombre plusvaliado al 99% que no tiene tiempo ni de voltear a ver a su familia, menos dedicar tiempo a la seducción y al erotismo.

El pragmatismo de William James deriva de su concepción fisiológica darwinista. El cerebro es el órgano que va a organizar a los otros órganos, bajo el principio de supervivencia.

El cuerpo es el propietario del cerebro. El cuerpo tiene intereses, los órganos tienen utilidades respecto al fin de la supervivencia. El fin de la supervivencia debe poner al organismo a trabajar. Cada conciencia existente debe luchar por fines particulares.

El pragmatismo es el cálculo de las consecuencias de una teoría en los hechos. La relación entre pragmatismo y positivismo consiste en su íntima relación y valoración de los hechos. La diferencia consiste en que el positivismo se basa en la observación de los hechos y el pragmatismo calcula las consecuencias de los hechos.

La relación entre pragmatismo y protestantismo considera que el concepto de Dios es verdadero porque es útil a la vida humana.

Respecto a la salvación, el racionalismo propone un principio de unidad como fundamento de la diversidad y establece un orden emocional al considerar necesaria la creencia en la salvación; mientras el empirismo concibe a la totalidad como diversidad, procede por el principio no de necesidad lógica sino de probabilidad, donde la salvación es solamente probable pero no necesaria.

La necesidad de creer en un orden espiritual y eterno es tan válida como la necesidad de unidad proporcionada por las leyes de causalidad, según la aspiración pragmática protestante. Salvación significa trabajar y luchar por los ideales de perfeccionamiento del mundo, esto se llama *meliorismo*.

William James concibe el pragmatismo combinando el teísmo, el protestantismo y el panteísmo, es amante de los hechos, deriva del empirismo, posee un gran entusiasmo e imaginación, concibe al Universo plural lo cual significa:

But to-day whatever be the limits that are may grant or refuse to the Universe, we must recognize in it account less number of globes, as big or bigger, much right as it has to support rational inhabitants.[29]

"Pero, hoy, cualesquiera que sean los límites que nosotros garanticemos o refutemos del Universo, debemos reconocer en este un número mayor de planetas que el nuestro, también aceptamos la presencia de habitantes racionales".

Su influencia protestante reconoce armonía y perfección del orden eterno, concibe a Dios con amor.

El pragmatismo significa:

The pragmatic method in such cases is to try to interpret each notion by tracing its respective practical consequences.[30]

"El método pragmático en tales casos, es tratar de interpretar cada noción trazando sus respectivas consecuencias prácticas".

El pragmatismo deriva de la palabra griega πράγμα, significa acción de la cual se genera nuestra palabra práctica.

It was most introduced into philosophy by Mr. Charles Pierce in 1878. In an article entitled "How to make our ideas clear, in the Popular Science of the year".[31]

"Fue introducido en la filosofía por el Sr. Charles Pierce en 1878. "En un artículo titulado *Cómo hacer nuestras ideas claras en la revista Ciencia Popular de este año*".

Lo que el pragmatismo significa es el éxito para resolver problemas. Esto fue introducido tanto en la empresa como en la educación y las relaciones humanas.

William James coincide:

"El Universo como un sistema en el cual los individuos pueden relajarse de sus ansiedades ocasionalmente, en el no preocuparse es correcto para los hombres o tomar vacaciones morales descansando en el Absoluto. Este es el verdadero *cash value* del Absoluto".[32]

---

[29] William James, *Pragmatism and the meaning of truth*, Introduction by A.J. Ayer, , Harvard University, Cambridge p. 19.
[30] *Ibid*, p. 28.
[31] *Idem*
[32] *Op cit*, p. 70.

Dios es una hipótesis útil para la felicidad humana. William James no dice ni afirma que tanto Dios exista o no exista, sólo afirma que es más beneficioso creer que existe.

Pragmatism maybe a happy harmonizer of empirism ways of thinking, with themes more religious demands of human things.[33]

"El pragmatismo puede ser un feliz armonizador del empirismo y las aspiraciones religiosas de los seres humanos".

La modernidad exige la racionalidad y la evidencia empírica, sin embargo, William James no quiere renunciar a la experiencia religiosa de cualquier religión o experiencia mística.

Truth, as any dictionary civil tells you, is a property of certain of our ideas. It means their "agreement" as falsity means there disagree.[34]

"La verdad, como cualquier diccionario te dirá, es una propiedad de ciertas ideas que significan su acuerdo, como falsedad significa su desacuerdo".

La idea es una representación de la realidad, más que una copia. Se trata de traducir una idea en su verdadero "cash value", en su uso corriente. Significa un acuerdo de la idea con el hecho, o de la idea con la idea, o relaciones entre hechos o ideas.

Durante todo el siglo XX, la filosofía inglesa y norteamericana en su versión de filosofía del lenguaje se ha orientado a clarificar las ideas, a traducirla a su significado empírico en un juego del lenguaje wittgensteiniano.

True is the name for whatever idea starts the verification process, useful is the name for its completed function in experience.[35]

"La verdad es el nombre para cualquier idea que inicia el proceso de verificación y completa su función en la experiencia. En esto radica su utilidad".

La alternativa filosófica consiste en analizar las consecuencias pragmáticas, en su proceso de verificación. La verdad emerge de los hechos y regresa a ellos, y es construida por el hombre. Este es el eje conceptual de todo su sistema de creencias económicas, políticas, religiosas, educativas y jurídicas.

"Truth is just the system of propositions which have an unconditional clam to be recognized as valid".[36]

"La verdad es el sistema de proposiciones que tienen una aspiración incondicional para ser reconocida como válidas".

El pragmatismo de William James propone un proceso de verificación y validación. La verdad se hace, la verdad es un proceso de verificación, la verdad se construye. El acuerdo entre idea y los hechos es progresivo, armonioso y satisfactorio.

---

[33]*Ibid,* p. 9.
[34]*Ibid,* p. 96.
[35]*Ibid,* p. 98.
[36]*Ibid,* p. 109.

Una idea es un instrumento de acción, un plan de acción, de aquí que los miembros de la Escuela de Frankfurt les llamaron instrumentalistas como término despectivo y crítico. La idea puede ser verificada.

The truth thought it is useful.[37]

"El pensamiento verdadero es útil".

Es aquí donde la utilidad abre infinitos significados, en esto radica su fortaleza y su debilidad del pragmatismo.

El pragmatismo significa que el concepto del objeto depende de sus efectos prácticos, concebidos.

La experiencia la entiende el pragmatismo como el flujo entre la mente y el objeto.

Desde Bacon el conocimiento es el comercio entre la mente y la cosa, lo que genera una ruptura con el dualismo y una afirmación del mismo.

La experiencia no está fuera del sujeto sino en relación mente y objeto, como en la experiencia religiosa o una relación de unidad entre el "yo" y "Dios", fusión entre el "yo" y la realidad.

William James, como analista de la espiritualidad, en su libro *Variedades de la Experiencia Religiosa* subraya la importancia de la experiencia religiosa, en cualquier religión: Cristianismo, judaísmo, catolicismo, espiritismo, panteísmo y busca los rasgos comunes de la experiencia religiosa.

Alegría, bienaventuranza, paz, reposo, consuelo, paciencia, fe, fascinación, enamoramiento, orden, alegría solemne, tristeza solemne, sensación magnética, belleza, conciencia de una presencia de Dios, piedad.

La registra como comunicación íntima con la divinidad donde el alma flota de emoción, en un estado de equilibrio. Vivo, habito y tengo mi ser en ÉL.

Intuición íntima de la alegría religiosa, sacrificio o resignación, admiración habitual y regulada, gracia, autenticidad, sentimiento cósmico, humildad y capacidad de entristecerse.

Dios es experimentado como una luz íntima y viva. Experiencia hermosa y limpia confianza panteísta.

Concentración, silencio, autocontrol, telepatía, angustia, sed de Dios. Desencanto de la vida, melancolía, búsqueda del significado de la vida.

La experiencia religiosa radica en "reformarse, convertirse, recibir la gracia, sentir la religión, tener la seguridad". Todos estos son pensamientos que explican el proceso paulatino, por el cual un "yo" dividido hasta ese momento errado, consecuentemente, se vuelve unido, superior y correcto como resultado de sustentarse en realidades religiosas.[38]

---

[37] *Ibid,* p. 98.
[38] William James, *Variedades de la experiencia religiosa*, Edit. Lectorum, México, p.181.

La conversión es un acto necesario para crear una actividad divina. Supone una entrega de mi alma y una entrega de mi corazón.

La comunicación es aquella tendencia hacia una vida espiritual, más amplia, una experiencia mística.

La fe es la creencia en lo que no se ve, es un regalo de Dios, donde se imagina lo invisible, es la creencia en lo que no se ve.

La conversión es un éxtasis de felicidad, donde mi alma estaba fundida en el amor. Me levanté con la aurora, toda mi alma estaba percibiendo la plenitud de la luz, en una ráfaga instantánea. La excelencia espiritual, es el centro de la democracia formal. "Esta otra parte no es algo intelectual, sino inmediato e intuitivo, la seguridad de acuerdo a que este yo individual, está salvado ahora y para siempre".[39]

De alguna manera en la democracia norteamericana está fundada en el protestantismo y la creencia en que Dios está contigo, te protege, te prospera y te salva.

En la voluntad de creer de William James presenta una tendencia religiosa, mística, pero su empirismo radical lo conduce a la ciencia, fluctúa entre el pluralismo y el monismo. Para él, la naturaleza es multicausal, plantea la crítica, se encuentra más cerca de la ciencia que de la religión aunque se niega a prescindir de la religión. William James pretende reconciliar la religión y la ciencia.

"La verdad significa que la idea funciona, trabaja".[40]

Frases como ésta abren el sentido a múltiples significados: ¿qué significa que algo trabaja?, ¿funciona?, esto depende de quién las evalúa y desde qué perspectiva. Por ejemplo, el fuerte de Knox, donde se encuentra el oro de Estados Unidos, no sabemos si el dólar está respaldado en oro o no, de todas maneras, la creencia en que el oro de Estados Unidos está en el fuerte de Knox, funciona, trabaja, le da credibilidad al sistema monetario estadounidense y mundial.

William James pretende unir la ciencia y la religión, más bien, traer a la religión al terreno científico: demos el nombre de hipótesis a algo que pueda ser propuesto a nuestras creencias. Dios es una hipótesis útil para la felicidad humana, eliminemos la angustia existencial y démonos vacaciones morales.

William James salta en la alegría de vivir y se hunde en la tristeza.

"Podemos decir que esta vida vale la pena de ser vivida desde el momento en que moralmente es como nosotros la hacemos, y desde este punto de vista hayamos decidido en todo lo que de nuestra acción dependa asegurar su existencia".[41]

William James abre el concepto de verdad hacia sus futuras consecuencias. Esto puede tener una multiplicidad, deja abierta a toda interpretación, depende de la perspectiva desde

[39]*Ibid,* p. 230.
[40] William James, *La voluntad de creer,* Ed. Daniel Jorro Madrid, 1967, p. 5.
[41]*Ibid,* p. 64.

donde se evalúan las consecuencias. Ejemplo, el asesinato de Osama Bin Laden, Kadafi y Saddam Hussein. "El pragmatismo busca la relación de una cosa con sus futuras consecuencias, su utilidad práctica".[42]

William James creía en la voluntad de vivir con energía, aunque la energía que genere dolor, debe creer y actuar. Debe tener fe, aunque la fe es sinónimo de hipótesis para William James. Se entenderá por el bien lo que está destinado a vencer o a sobrevivir, aquellos actos del individuo y sus consecuencias. Todo su pensamiento se dirige al *meliorismo*, a una absoluta confianza, a actuar para generar las mejores consecuencias "Dios es la mayor potencia vital del universo".[43]

El valor de una cosa, objeto, concepto o teoría radica en sus consecuencias. La esencia del bien consiste sencillamente en satisfacer una aspiración que puede tener por objeto, todo cuanto existe bajo el sol.

Las leyes se hacen para los hombres y no los hombres para las leyes, "todo sistema de instituciones morales inutiliza numerosos bienes y oprime a muchas personas como las que entre bastidores estarán siempre a la expectativa para revelarse, en el abuso que supone la propiedad privada de modo que aun, naturalmente, hay quien sostiene entre nosotros que una de las funciones primarias en el gobierno nacional es ayudar a enriquecer a los ciudadanos más poderosos, dondequiera adviértase la lucha y la opresión".[44]

William James observa, cuidadosamente, el abuso de la propiedad privada y el hecho de que el Estado propicie el enriquecimiento de los que buscan maximizar su beneficio desde siempre hasta la actualidad.

2.4 Charles Sanders Pierce: Fundador del pragmatismo norteamericano

El pragmatismo de Pierce consiste en el cálculo de probabilidades de las consecuencias prácticas de la teoría. Los ejemplos de Pierce del cálculo de probabilidades para compañías de seguros o casas de juego son significativos de su íntima relación con el desarrollo capitalista norteamericano.

"El problema de negocio es éste: El número de pólizas de cierto tipo que se pueden vender en un año dependerá del precio a ellas asignado. Sea p ese precio y sea n el número que cabe vender a ese precio, de manera que cuanto mayor sea p menor será n. Ahora bien, siendo n un gran número, cierta proporción q de dichas pólizas, q n en total serán pérdidas

[42]*Ibid*, p. 80.
[43]*Ibid*, p. 196.
[44]*Idem*

durante el año, y si 1 es la pérdida por cada una $qn1$ será la pérdida global. Así pues, lo que tiene que hacer la compañía de seguros es poner p a un precio tal que pn $q1$ no $(p$ $q1)$ n alcance su óptimo valor".[45]

Este filósofo del Club metafísico de Harvard analiza la probabilidad de que se dé (n) número de veces, un resultado, dadas ciertas condiciones, ¿qué (n) número de veces se presentarán las condiciones?

Pierce hace una crítica al mecanicismo en el sentido de que los eventos no son monocausales ni existe un determinismo unívoco causa-efecto, sino que los eventos son polivalentes, por lo cual considera que lo único posible en teoría es establecer la probabilística. La probabilidad se aplica a la pregunta de si un tipo especificado de acontecimiento ocurrirá cuando se cumplan ciertas condiciones predeterminadas; y es la razón entre el número de veces que a la larga ese resultado especificado se seguiría del cumplimiento de dichas condiciones y el número total de veces que se cumplieran tales condiciones en el curso de la experiencia.

Observemos en Pierce, un testimonio de la sobrevaloración de la experiencia en la ideología norteamericana y de la estrecha relación de la filosofía con la vida de negocios. Su relación con el empirismo consiste en que la utilidad se remite a la experiencia.
Así, para William James el significado del concepto depende de la forma de acción habitual; para Pierce depende del plan de acción que genere el concepto; y para John Dewey el concepto se traduce en las consecuencias de la acción.

William James es considerado un empirista radical, para el cual, el conocimiento es derivado de la experiencia. Ser un empirista radical significa que no debe admitir entre sus construcciones algún elemento que no sea directamente experimentado.

En el sistema de tránsito, la proposición "morado significa alto", es falso, porque no produce la acción de detenerse.

James y Pierce consideran que las proposiciones son verdaderas o falsas en relación a un sistema de referencia. En este caso, la experiencia psicológica del conductor, la relación entre pragmatismo y utilitarismo, radica en que ambos conciben a la verdad y al bien, solamente en relación a la experiencia. Ambos niegan su relación con un concepto *a priori*, ambos aplican la prueba de la experiencia; para ser bueno algo debe producir un bien, el bien y la verdad son determinados por la experiencia, en este sentido empirismo, utilitarismo y pragmatismo son subsistemas conceptuales con una mutua interdependencia.

Otra relación entre utilitarismo y pragmatismo consiste en que para el utilitarismo el bien depende de la utilidad, mientras que para el pragmatismo, la verdad depende de la utilidad de las consecuencias prácticas. Ambos están fundadas en el concepto de utilidad; la verdad y el bien dependen de la utilidad.

---

[45] Charles Sanders Pierce, *Pragmatism and pragmaticism, lectures of pragmatism,* vol. v, *Scientific Metaphysics*, Vol. VI, Harvard Press, Cambridge, 1960, p. 34.

Observemos una muestra de cómo el significado del concepto consiste en las consecuencias prácticas de la acción: *Let us seek a clear idea of weight to say that a body is heavy means simply that, in the absence of opposing force; it will fall.*

"Busquemos una idea clara de peso para decir que un cuerpo es pesado significa simplemente que, en ausencia de fuerza de oposición, éste va a caer".

El conocimiento pragmático es el conocimiento basado en la experiencia de peso y la forma en que éste actúa, una idea es un plan de acciónsi es buena y verdadera, si trabaja en nuestra ventaja y falsa si no funciona en nuestra utilidad.

El pragmatismo es una teoría psicológica del significado por experiencia. La experiencia es la relación continua y directa entre el hecho de conciencia y el hecho puro. El criterio del pragmatismo no descansa sobre principios lógicos formales, una proposición no es significativa porque tiene una cierta estructura sintáctica, sino porque está basada sobre principios psicológicos experienciales.

El pragmatismo explica el contenido cognoscitivo y psicológico en términos de la acción, así el significado de la proposición depende de las consecuencias prácticas que se derivan del enunciado. Por ejemplo, rojo significa alto si produce la acción de detenerse; si esto sucede la proposición es verdadera y es falsa si no se produce la acción.

El pragmatista renuncia a investigar esencias inmutables y atiende estrictamente a los hechos observables.

Consider what effects, that might conceivably have practical bearings, we conceive the object of our conception to have. Then, our conception of these effects is the whole of our conception of the objet.[46]

"Considerar qué efectos, los que podrían concebiblemente tener consecuencias prácticas, concebimos el objeto de nuestra concepción. Entonces, nuestra concepción de estos efectos es la totalidad de nuestra concepción del objeto".

Es un método, un instrumento, un conjunto de procedimientos para el análisis y clarificación lingüística y conceptual, un método de análisis semántico. Pierce subraya que, el pragmatismo no es una filosofía, una metafísica o una teoría de la verdad. No aporta respuestas a nada, simplemente es una técnica para ayudarnos a encontrar soluciones a problemas filosóficos y científicos. Según Pierce, las teorías llegan a ser instrumentos, no respuestas a enigmas, en las que podemos descansar.

Un objeto percibido, no significa que su existencia dependa de ser percibido o pensado por alguna persona en alguna ocasión, sino que si la persona que observa el objeto de la experiencia cierra los ojos o se retira de la habitación, puede existir otra persona o una cámara que puede percibir ese objeto.

---

[46] William James, *Principios de psicología*, Edit. Daniel Jorro, Madrid, 1930, p. 24.

Pierce llama a esta teoría de construir un objeto, mediante percepciones ensambladas, constructivismo.

Charles Sanders Pierce en su obra *Pragmatism and pragmaticism* afirma: el pragmatismo es entendido en el campo de la Lógica como un método y no en el campo de la Metafísica como un principio.

La obra se divide en tres libros, el primero de ellos nos introduce al campo del pragmatismo a través de diferentes cuestiones desde un punto de vista fenomenológico, epistemológico y de valor. Después, el segundo libro conjunta una serie de documentos adherentes al tema publicados anterior a esta obra. Luego, el tercer libro proyecta la tendencia al pragmatismo que caracteriza la influencia del pensamiento de Pierce.

La concepción pragmática es la conformación de nuestro conocimiento general que influye en nuestra actitud moral.

El sistema de que el cabal significado de una concepción se expresa en consecuencias prácticas, ya sea en la conducta recomendada, o en el de las experiencias esperadas.

Dentro del análisis para la formación del sistema del pragmatismo se observaron con cuidado todos los conceptos irreducibles en su composición y en las formas que podrían verse afectadas.

A la hora de definir el primer concepto determinado por el autor de pragmatismo. "Es un método para determinar el significado real de todo concepto, la doctrina, la proposición, palabra u otro signo. El objeto de un signo es una cosa o la ocasión, sin embargo indefinida, a la que se aplique".[47]

Y divide en tres clases el concepto de "idea" en su versión simple.

La primera de ellas propone ser una cualidad o sentimiento, es indescriptible. Después la segunda propone que la idea se forme por un simple hecho o suceso, llámese experiencia. Y luego la tercera postula que a partir de un objeto conceptualizado por igual por dos individuos se hace una idea en cuanto existe una comunicación o señal de una persona a otra. La idea de una señal o comunicación transmitida por una persona a otra en lo que respecta a un cierto objeto bien conocido para ambos. Aunque el significado de fondo de una señal no puede ser la idea de un signo.

"El pragmatismo no se compromete a decir cuál es el significado de todas las señales que comprende, sino que se limita a establecer un método para determinar el significado de conceptos intelectuales, es decir, de estos razonamientos sobre los que pueden recurrir".[48]

Conceptos necesarios y probatorios en el campo del pragmatismo necesariamente requieren ser explicados como los son las matemáticas o la química que a su vez son diferenciadas y comparadas por sus distinciones características de cada una. "Consiste en la formación de una imagen en las condiciones del problema, asociado a que ciertos permisos generales

---

[47] Charles Sanders Pierce, *Pragmatism and pragmaticism*, Collected Papers, Vol. V, Ed. Charles Hartshome, Harvard, Cambridge, 1931, p. 4.
[48] *Ibid*, p. 5.

para modificar la imagen, además de ciertos supuestos generales que refieren a que ciertas cosas son imposibles".[49]

Tales razonamientos y todos los razonamientos vuelven contra la idea de que si uno ejerce cierto tipo de voluntad, uno se someterá a ciertas percepciones obligatorias. Ahora bien, este tipo de consideración, a saber, que ciertas líneas de conducta implican algunos tipos de experiencias inevitables es lo que se llama un "examen práctico".

Con el fin de determinar el significado de una concepción intelectual se debe considerar qué consecuencias prácticas pueden resultar posiblemente por la necesidad de la verdad de que la concepción y la suma de estas consecuencias constituirán el significado completo de la concepción.

El estudio en el que se basa el autor deja claro desde un inicio la importancia de que su estudio acerca del pragmatismo versa en el campo práctico de la vida cotidiana. Charles Sanders Pierce muestra el aspecto semántico interpretativo de un signo o un concepto.
"Esto es sólo la verdad, esto es ciertamente un maravilloso instrumento eficiente. Esto no es sólo una filosofía sino es aplicable. He hallado esto como un servicio de señal en cualquier rama de la ciencia".[50]

Supone el autor a *grosso modo* que el pragmatismo y la personalidad son más o menos de la misma condición.

A través del tiempo surgen nuevas perspectivas acerca del tema, es así como surgen las nuevas visiones del pragmatismo, en el cual dice el autor que se caracterizan por tener un estilo conciso, vivo y concreto en su manera de expresión, junto con un cierto dinamismo de tono como si fueran conscientes de realizar sobre ellos, la llave maestra de todos los secretos de la metafísica.Acercándonos a los conceptos más precisos que el autor propone acerca del pragmatismo:

> *El pragmatismo es el principio de que todo juicio teórico expresable en una frase en el modo indicativo es una forma confusa de pensamiento cuyo único significado, si es que tiene alguna, radica en la tendencia a imponer una máxima práctica correspondiente expresable como una sentencia condicional que tiene su apódosis en el modo imperativo.[51]*

El pragmatismo facilita la apertura de un camino resolutivo en una innumerable variedad de cuestiones.

En los últimos años los estudiosos de la lógica han concentrado su principal atención en la cuestión de la naturaleza de la creencia o la cuestión en el verdadero análisis lógico del acto de juicio.

Vemos así que el acto de afirmación es un acto de una naturaleza totalmente diferente del acto de aprehensión en el significado de la proposición, y no podemos esperar que

[49]*Idem*
[50]*Ibid,* p. 13.
[51]*Ibid,* p. 15.

cualquier análisis de lo que la afirmación es, debiera lanzar ninguna luz en absoluto en la amplia cuestión diferente de lo que la aprehensión del significado de una proposición.

De acuerdo a la expresión cotidiana "Yo voy a apostar" esto y el otro, es la frase expresiva de una opinión personal que uno no espera que otros compartan, mientras que "usted apuesta" es una forma de afirmación de la intención de causar a otro a hacer lo mismo.

Por supuesto, no puede existir una cuestión para el hombre que va a actuar de acuerdo con su creencia a la medida en que su creencia tenga consecuencias prácticas.

También podrás decir si te gusta que el acto de expresar una cantidad sea como una fracción racional sea un pedazo de conducta y que sea en sí misma una diferencia práctica que un tipo de cantidad puede expresarse así y no de otra forma.

El pragmatismo nos enseña que si lo que pensamos, que debe ser interpretada en un plano en el cual estamos dispuestos a actuar, seguramente la "Lógica", o la doctrina de lo que debe pensarse, debe ser una aplicación de la doctrina de lo que deliberadamente elige qué hacer que es la ética.

Su problema consiste en determinar a través del análisis de lo que es que uno debe deliberadamente para admirar por sí mismo, independientemente de lo que puede dar lugar e independientemente de su orientación sobre la conducta humana. Yo determino a que la investigación de la estética, pues generalmente se dice que las tres ciencias normativas son la lógica, la ética y la estética, siendo las tres doctrinas que distinguen el bien y el mal; la Lógica en lo que se refiere a la representación de la verdad, la ética en relación con la bondad y la estética en objetos considerados simplemente en su presentación agradable o bella.

El autor antepone la lógica ante las otras ciencias de manera evidente, pues sostiene que la lógica siempre representa la verdad, dice así: La doctrina de la ética debe ser creada para ser coronada a su vez por la doctrina de la lógica.

Pierce propone una ciencia que no establezca distinción alguna entre el bien y el mal sea cual sean sus sentidos.

La ética debe descansar sobre una doctrina que, sin considerar en absoluto lo que nuestra conducta ha de ser, divida idealmente posibles estados de cosas en dos clases, los que sería admirable, y se comprometa a definir con precisión lo que constituye la admiración de un ideal.

Esta ciencia de la Fenomenología es en mi opinión la más primitiva de todas las ciencias positivas, que no se basa, en cuanto a sus principios, sobre cualquier otra ciencia positiva. Cuando digo una ciencia positiva, me refiero a una investigación que busca el conocimiento positivo, es decir, aquel conocimiento que puede ser convenientemente expresada en una proposición categórica. La lógica y las demás ciencias normativas, a pesar de que piden, no lo que es, sino lo que debería ser, sin embargo, son ciencias positivas, ya que es mediante la afirmación positiva, la verdad categórica de que son capaces de demostrar que lo que llaman bien de verdad es así, y la razón, recto esfuerzo, y tener la razón, de la que tratan, se derivan del hecho de tener un carácter categórico positivo.

Existe la ciencia y florece, y la fenomenología, que no depende de ninguna otra ciencia positiva, sin embargo, debe, si ha de ser de tierra, hacerse depender de la ciencia condicional o hipotética de Matemáticas Puras, cuyo único objetivo es no descubrir cómo son realmente las cosas sino la forma en que se podría suponer que son, si no, en nuestro universo, entonces en cualquier otro.

La diferencia entre el pragmatismo de William James y el de Charles Sanders Pierce es que mientras William James abre el significado de utilidad, Charles Sanders Pierce considera que una idea o una teoría es verdadera si es explicativa, benéfica y útil teóricamente.

El significado de un concepto depende de su capacidad explicativa. El significado de una teoría depende de su capacidad explicativa, según Charles Sanders Pierce.

El pragmatismo de Pierce es un pragmatismo teórico, lógico, matemático, y a veces, probabilístico. En cambio, el pragmatismo de William James es de uso generalizado, es decir, cuasi-universal. Por tanto, se aplica a las relaciones humanas, a los hábitos y costumbres, a los negocios, a la política exterior y a laweltanschauung.

2.5John Dewey: Filósofo de la modernidad norteamericana

"El pragmatismo, de acuerdo a Mr. James, es un temperamento de la mente, una actitud, es también una teoría de la naturaleza de las ideas y de la verdad; y finalmente es una teoría acerca de la realidad".[52]

Dewey llama al Pragmatismo "Instrumentalismo" porque una idea, es un instrumento para la acción natural o social. Las ideas son valiosas porque conducen a consecuencias valiosas.

El instrumentalismo fue una teoría filosófica que pretendía unir la cientificidad del pragmatismo de Pierce y el humanismo de William James. El poder de una idea es medido por la capacidad para resolver problemas.

Toda idea debe ser analizada derivando sus efectos, las consecuencias prácticas, por lo cual John Dewey la llama: "plan de acción o instrumento para la acción".

La crítica de John Dewey a William James, radica en que William James deja totalmente abierta y ambigua la identidad entre verdad y bondad, mientras que John Dewey, la encuentra restringida. **La bondad de la idea, solamente es una bondad cognoscitiva en cuanto nos permita una mejor comprensión del objeto.**

---

[52] John Dewey, *Essay in experimental logic, what pragmatism means?*, Dover Publications, Grimally published, University of Chicago, New York, p. 303.

Según John Dewey, una creencia es verdadera cuando satisface necesidades personales y los requerimientos de objetividad.

John Dewey lo introduce a la pedagogía como un método para resolver problemas o conocimiento con base en problemas.

En su obra *Pragmatismo y Educación* afirma: la educación para la vida práctica debe conducir a adquirir la habilidad para bastarse a sí mismo, pero simultáneamente debe proyectar los impulsos y sentimientos íntimos en forma exterior para llegar a la conciencia de sí mismo y a la vez satisfacer las necesidades de la vida social existente.

En su obra *Democraciay Educación,* John Dewey afirma: depositando su interés y esfuerzo en la atmósfera del salón de clase, se opone al aprendizaje estricto y severo, propone el ideal pedagógico de "aprender a aprender", "aprender a hacer", "aprender a ser" y de relacionar los elementos de la escuela formal con las experiencias de los alumnos.

El ideal pragmático educativo establece la necesidad de que exista una interrelación entre el trabajador práctico y el científico, un equilibrio entre teoría y práctica. Los descubrimientos científicos son de utilidad práctica y se interpretan erróneamente cuando se les utiliza para desacreditar el valor de la ciencia en la educación.

El método pragmático es el método de análisis, reflexión y cálculo de las consecuencias y resultados, es un método empleado para reconstruir un sistema unificado de valores en torno al máximo de beneficio.

La educación es formulada en una concepción instrumentalista donde se analizan las finalidades, resultados, consecuencias en función de la máxima eficiencia.

"La industria moderna de producción y distribución de mercancías, es el producto directo de la ciencia. Las técnicas del maquinismo y la energía en la creación de métodos industriales modernos han modificado la familia, la iglesia y el Estado tanto como la industria".[53]

En la vida industrial, los valores de mayor importancia son el adiestramiento y la industriosidad, las reacciones emocionales e intelectuales tienen poco valor.

John Dewey insiste en la necesidad de hacer trabajar a los alumnos en relación directa a la experiencia, según un plan general.

"La democracia significa la liberación de la inteligencia para una efectividad independiente, la emancipación del espíritu como un órgano individual para realizar su propia obra".[54]

El criterio democrático es el ideal de una continua reconstrucción o reorganización de la experiencia, para incrementar la capacidad de los individuos de actuar activamente, participativamente en esta reorganización.

---

[53] John Dewey, *La ciencia de la educación*, Ed. Losada, Buenos Aires, 1941, p. 16.
[54]*Ibid,* p. 16.

La filosofía de la educación debe contribuir a ser un arma teórica para la organización, reorganización, construcción, reconstrucción de la experiencia a través de la acción.

El liberalismo individualista subraya la acción del individuo. El individuo es principio y fin. En el liberalismo social, si bien se parte de los derechos inalienables del individuo, se busca como fin último el bienestar colectivo.

El movimiento pragmatista es un movimiento progresista, con fuerte influencia del evolucionismo que concibe a la sociedad como un movimiento en evolución y perfeccionamiento, mediante la utilización de la ciencia y la lógica.

La utopía deweyana de la modernidad aspiraba a cambiar los ideales de aplicación de la ciencia y la tecnología para eliminar la pobreza y mejorar el bienestar social.

La democracia, es el libre juego entre los poderes individuales efectivos, los poderes fácticos, el mejoramiento de las libertades civiles y la gobernabilidad del sistema.

El principal punto de partida de su teoría es la noción de "experiencia", que implica el tanteo comunicativo con su "medio ambiente" por parte del individuo, que contribuye a su vez, a rehacer el mismo. La vida humana individual y social, es esa actividad experiencial continua que no se ciñe a una sola estadía de la misma, por ejemplo, la infancia. Este aspecto comunicativo que consiste en que la experiencia humana es lo educativo. Dewey participa de un cierto evolucionismo por el que las sociedades primitivas son superadas en la sociedad compleja de corte democrático, que es la que posibilita una experiencia más útil. Por lo tanto, el valor que rige todo lo humano es la utilidad (adaptativa), un uso eficiente de la experiencia que ha de ser posibilitado por un tipo específico de sociedad que él se esfuerza en describir y que califica como democrática.

La visión de Dewey propone un individuo que se encuentra en crecimiento continuo y que interactúa con un medio ambiente en gran medida social. Su actividad es determinada por el contacto con este medio ambiente que va dirigiendo su experiencia y ofreciendo o negando posibilidades de crecimiento. Para juzgar como adecuado un medio ambiente social, Dewey ante todo se atiene a lo útil. Es una función de la utilidad para que la actividad propia de la vida humana sea un crecimiento y un buen aprovechamiento de los tanteos del individuo, como el norteamericano entiende la bondad en una sociedad. Distingue los conceptos y el discurso intelectual que mantiene el sentido, la conexión con la experiencia vital, y un discurso teórico escindido de la experiencia vital y que por lo tanto carece de sentido. Así pues, distingue un uso útil de lo intelectual, de un uso no útil restringido a una cultura académica fosilizada. En relación con esto, la escuela debe estar en estrecha conexión con la vida en general y no contradecir lo que ocurre fuera de ella.

En lógica consecuencia con su visión de la permanente plasticidad humana y su carácter social por el que ésta significa una capacidad de responder y adoptar hábitos en interacción con el entorno, entiende que la educación es un fin en sí mismo y no como un medio. En la medida en que estamos continuamente reorganizando, reconstruyendo y transformando el medio ambiente, la educación es permanente.

Es un buen representante de una teoría pedagógica progresista reformista pero que quizás carece de un análisis de lo que ocurre en la sociedad. Pero lo que me parece ya más grave es su complacencia implícita con un determinado curso de historia, que en su concepción subterráneamente evolucionista resulta el más adecuado y con el que habría de compaginar su institución escolar. A pesar de su espíritu crítico, se da en él una cuestionable complacencia con el presente que lo lleva a ensalzar un modelo político típicamente liberal norteamericano. En el apogeo de lo útil y de la educación que busca la utilidad. Es, para Dewey, la adquisición de habilidades para desenvolverse en el medio social. Frente a estos proyectos, Dewey no acaba de dejar de ser más bien un conservador a pesar de su progresismo o inquietudes sociales.

Queda en él sin descubrir la dialéctica de la modernidad y es patente su apuesta por un tipo de individualismo que cabe preguntarse si es, en el fondo, el propio de la atomización típica del liberalismo. ¿Es su igualitarismo y combate contra la estratificación social en realidad una atomización individualista que genera nuevas alienaciones y problemas? Su antropología filosófica es moderna en el sentido de que realiza la concepción del sujeto capaz de ir conformando la historia y de obtener una buena sociedad. Pero cabe preguntarse qué entiende por "transformación de la sociedad", así como por las posibilidades de lo que se muestra como el sujeto omnipotente del liberalismo moderno, y qué espacio deja la crítica social y hasta dónde permite que ésta llegue, y qué es para él, suponiendo que tenga sentido seguir apostando por ello, un intelectual.

¿Es su ideal de conexión con la vida real un impedimento para la constitución de elementos realmente críticos de la sociedad? Del mismo modo habrá que ubicarlo frente al cosmopolitismo y el ideal de la ciudadanía. No obstante, por ahora nos limitamos a aludir a un posible positivismo del hecho social que puede estar eludiendo realidades subyacentes y deja de lado cómo funciona la sociedad realmente.

El pragmatismo de Pierce consiste en el cálculo de probabilidades de las consecuencias prácticas de la teoría. Los ejemplos de Pierce del cálculo de probabilidades para compañías de seguros o casas de juego son significativos de su íntima relación con el desarrollo capitalista norteamericano.

"El problema de negocio es éste: El número de pólizas de cierto tipo que se pueden vender en un año dependerá del precio a ellas asignado. Sea p ese precio y sea n el número que cabe vender a ese precio, de manera que cuanto mayor sea p menor será n. Ahora bien, siendo n un gran número, cierta proporción q de dichas pólizas, $q n$ en total serán pérdidas durante el año, y si 1 es la pérdida por cada una $qn1$ será la pérdida global. Así pues, lo que tiene que hacer la compañía de seguros es poner p a un precio tal que $pn\ q1$ no $(p\ q1)\ n$ alcance su óptimo valor".

Este filósofo del Club metafísico de Harvard analiza la probabilidad de que se dé (n) número de veces, un resultado, dadas ciertas condiciones, ¿qué (n) número de veces se presentarán las condiciones?

Pierce hace una crítica al mecanicismo en el sentido de que los eventos no son monocausales ni existe un determinismo unívoco causa-efecto, sino que los eventos son polivalentes, por lo cual considera que lo único posible en teoría es establecer la probabilística. La probabilidad se aplica a la pregunta quesi un tipo especificado de acontecimiento ocurrirá cuando se cumplan ciertas condiciones predeterminadas; y es la razón entre el número de veces que a la larga ese resultado especificado se seguiría del cumplimiento de dichas condiciones y el número total de veces que se cumplieran tales condiciones en el curso de la experiencia.

Observemos en Pierce, un testimonio de la sobrevaloración de la experiencia en la ideología norteamericana y de la estrecha relación de la filosofía con la vida de negocios. Su relación con el empirismo consiste en que la utilidad se remite a la experiencia.

Así, para William James el significado del concepto depende de la forma de acción habitual; para Pierce depende del plan de acción que genere el concepto; y para John Dewey el concepto se traduce en las consecuencias de la acción.

William James es considerado un empirista radical, para el cual, el conocimiento es derivado de la experiencia. Ser un empirista radical significa que no debe admitir entre sus construcciones algún elemento que no sea directamente experimentado.

En el sistema de tránsito, la proposición "morado significa alto", es falso, porque no produce la acción de detenerse.

James y Pierce consideran que las proposiciones son verdaderas o falsas en relación a un sistema de referencia. En este caso, la experiencia psicológica del conductor, la relación entre pragmatismo y utilitarismo, radica en que ambos conciben a la verdad y al bien, solamente en relación a la experiencia. Ambos niegan su relación con un concepto *a priori*, ambos aplican la prueba de la experiencia; para ser bueno algo debe producir un bien, el bien y la verdad son determinados por la experiencia, en este sentido empirismo, utilitarismo y pragmatismo son subsistemas conceptuales con una mutua interdependencia.

Otra relación entre utilitarismo y pragmatismo consiste en que para el utilitarismo el bien depende de la utilidad, mientras que para el pragmatismo, la verdad depende de la utilidad de las consecuencias prácticas. Ambos están fundadas en el concepto de utilidad; la verdad y el bien dependen de la utilidad.

Observemos una muestra de cómo el significado del concepto consiste en las consecuencias prácticas de la acción:

Observemos una idea clara de peso significa que un cuerpo es pesado, significa que en la ausencia de peso el objeto caerá.

El conocimiento pragmático es el conocimiento basado en la experiencia de peso y la forma en que éste actúa, una idea es un plan de acción, si es buena y verdadera, es decir si trabaja en nuestra ventaja y falsa si no funciona en nuestra utilidad.

El pragmatismo es una teoría psicológica del significado por experiencia. La experiencia es la relación continua y directa entre el hecho de conciencia y el hecho puro. El criterio del pragmatismo no descansa sobre principios lógicos formales, una proposición no es significativa porque tiene una cierta estructura sintáctica, sino porque está basada sobre principios psicológicos experienciales.

El pragmatismo explica el contenido cognoscitivo y psicológico en términos de la acción, así el significado de la proposición depende de las consecuencias prácticas que se derivan del enunciado. Por ejemplo, rojo significa alto si produce la acción de detenerse; si esto sucede la proposición es verdadera y es falsa si no se produce la acción.

El pragmatista renuncia a investigar esencias inmutables y atiende estrictamente a los hechos observables.

Considera qué efectosdebes concebir sus consecuencias, concebimos el objeto de nuestra concepción,así, nuestra concepción de sus efectos es la concepción total del objeto.

Permítaseme resumir:

El pragmatismo es una nueva presentación del empirismo radical, debido a la sobre valoración de la experiencia y a la reducción total de la teoría a los hechos, es un método que establece la identidad entre verdad y utilidad, en este sentido es un derivado directo del utilitarismo.

El método pragmático consiste en considerar que la verdad de una proposición depende de las consecuencias prácticas de dicha proposición, de su utilidad práctica.

Una idea es verdadera en tanto que creerla es beneficioso, por ejemplo: si la verdad es lo útil, la creencia en lo absoluto es verdadera cuando proporciona un consuelo religioso a cierta clase de espíritus.

La actitud pragmática se revela hasta en esta búsqueda de confort espiritual. Primero lo llamé mayestático y dije que aportaba un consuelo religioso a cierta clase de espíritus, después lo acusé de estéril, tiene un valor, puesto que realiza una función concreta como buen pragmatista debería llamar a lo absoluto cierto en tanto que o ahora lo hago sin vacilar.

He aquí el pragmatismo aplicado a la religión, en tanto que proporciona seguridad, felicidad, Dios es una hipótesis útil para la vida humana, y por esta razón, el pragmatista la considera verdadera.

El pragmatismo es la contribución norteamericana más original e influyente a la tradición filosófica. Fue un modo de pensar distintivo del Nuevo Mundo, el cual, a pesar de la reacción adversa de los filósofos rivales, tuvo un efecto potente sobre el desarrollo de la filosofía moderna. Significativamente los descubrimientos en la ciencia moderna crecientemente se han apoyado en los principios del pragmatismo y durante la última mitad del siglo pasado, los científicos se han manifestado progresivamente dispuestos a presentar sus ideas, teorías y conclusiones en términos que serían altamente congénitos al movimiento pragmático en filosofía. Por lo tanto es imperativo que nos familiaricemos desde un comienzo con los principios básicos del pensamiento pragmático.

II. PRAGMATISMO Y EXPANSIONISMO DE LOS ESTADOS UNIDOS

3.1 Orígenes

"Todo ser humano posee una concepción del mundo y de la vida y desde ahí, interpreta la realidad". Por ello, la filosofía puede ser vista como "un sentimiento de lo que significa la vida honrada y profundamente sentida. Solo en parte procede de los libros; es el modo individual de ver y sentir el empuje y la presión total del cosmos".[55]

La concepción del mundo estadounidense se elabora desde la experiencia de una frontera en expansión. La nación norteamericana se forja a través de una experiencia que tienen en común los diferentes grupos étnicos llegados a suelo norteamericano: la experiencia de la frontera.

Esta experiencia sin embargo se encuentra enmarcada en un contexto en que la mayor parte de las coronas europeas se encontraban en un fuerte proceso expansionista. Y en este sentido dicho proceso transformó al anglosajón en norteamericano, le conformó el carácter y le dio una personalidad fuerte, ambiciosa, autosuficiente y agresiva, con un profundo arraigo al sentimiento de libertad, fundado en la propiedad privada. Es decir, Estados Unidos es la aplicación del LIBERALISMO CLÁSICO, estilo John Locke.

La concepción del mundo norteamericano tiene sus orígenes en los bosques teutónicos: los hijos de Odin conquistan Britania, y por lo tanto, la expansión hacia el oeste se inicia en Saxonia.

> *La rama de origen germánica que se esparció por el sur de Britania y le cambió dicho nombre por el de Inglaterra, se hallaba destinada en alcanzar un poder formidable y a mantener en un mayor grado, la pureza de la casta.[56]*

Ramiro Guerra señala:

> *En esta primera conquista del oeste, los sajones hicieron prevalecer su propia cultura, religión, leyes, idioma y costumbres en Britania (Inglaterra), sin mezclarse con la población, en los siglos XVI y XVII. La raza germánica domina en el inglés típico, así como en la norteamericana de fines del siglo XVIII predomina la sangre inglesa.[57]*

---

[55] James, William, *Pragmatismo*, p. 65.

[56] Ramiro Guerra, *La expansión territorial de los Estados Unidos,* Ed. Nacional de Cuba, La Habana, 1964, p. 25.

[57] Frederick Jackson Turner, *The frontier in american history,* Henry Holt and Company, New York, 1920, p. 3.

El 4 de julio de 1776, los ingleses desembarcaron del May Flower, en Plymouth, los indios norteamericanos, dirigidos por Massasoyt, los recibieron; les dieron la bienvenida, los bañaron, les lavaron los pies, les ofrecieron a sus mujeres, los alimentaron.

Los puritanos celebraron un pacto de no agresión con el jefe indio norteamericano Massasoyt, con el compromiso de respetarse sus vidas y propiedades mutuamente, cuando en la realidad los colonos les vendieron objetos, los desposesionaron de sus tierras para finalmente, exterminarlos.

De haberlo querido entonces los indios, podrían haber destruido el maltratado grupo inglés desembarcado, del cual habían perecido la mitad hacia la primavera del año siguiente y del resto solo 6 o 7 tenían algo de salud. Los setenta y cinco días de navegación, el escorbuto, las privaciones y fatigas los habían dejado sin fuerzas para defenderse, pero no lo hicieron así y hay que suponer que en esta trascendental decisión históricamente influyeron diferentes factores.[58]

Empirismo, utilitarismo y pragmatismo con un voraz darwinismo justificado, validado, legitimado en un tenaz protestantismo o a veces trascendentalismo, son la experiencia común que integra a los diferentes inmigrantes en la expansión hacia el oeste.

La frontera americana se distingue de la frontera europea, que es una línea fortificada que corre a través de poblaciones densamente pobladas. La cosa más significativa de la frontera norteamericana es que se encuentra frente a tierra libre.[59]

La búsqueda de tierras en propiedad es el *Leit motiv* de la constitución de su nacionalidad tanto territorial como emocionalmente. Esta búsqueda obligó al inglés a cruzar el Atlántico, abandonar su país de origen, viajar entre ratas y arriesgar su vida en territorio extraño. Por lo tanto, la búsqueda de tierras lo transformó en hombre de acción. De la **experiencia,** derivó toda su verdad y del cálculo de **utilidades** de las consecuencias de su acción, su bondad. Es así como constituyó su carácter **pragmático.**

---

[58] Juan A Ortega y Medina, *La evangelización puritana en Norteamérica*, FCE, México, Tierra Firme, 1976, p. 60.

[59] José Fuentes Mares, *Génesis del expansionismo norteamericano,* COLMEX, México, 1980, p. 149.

3.2 Independencia

Después de 1783, la sociedad estadounidense ya no formaba parte del Imperio Británico. Sin embargo, a lo largo del siglo XIX, ya sea que lo hayan reconocido o no, los norteamericanos siguieron siendo fuertemente dependientes de la potencia naval británica para su seguridad y para el cumplimiento de algunas declaraciones diplomáticas importantes, como la Doctrina Monroe (1823) y la política de las Puertas Abiertas (1898-1899).

El territorio norteamericano fue el suelo propicio para la expansión del **YO** y la sensación de libertad. *La libertad de conciencia y la facilidad de establecer nuevas poblaciones atrajo agricultores y artesanos de todas las naciones,* declaraba el Conde de Aranda a Carlos III de España. La historia de Estados Unidos ha sido la historia de la conquista del Oeste. La frontera norteamericana nunca tuvo un límite fijo, siempre constituyó una posibilidad de movimiento hacia el Oeste. Ante la conciencia norteamericana esto aparece como un no-límite, un espacio abierto al infinito, un territorio por conquistar, una utopía, una búsqueda, un reto. *"En la discusión de su extensión, el movimiento hacia el oeste, no puede por tanto, tener un lugar en el centro".*[60]

El expansionismo norteamericano se expresa en tratados de compra, venta y cesión de territorio para construir su hegemonía.La frontera es un no-lugar, un área de influencia, un corrimiento espacial del ejercicio del poder, del monopolio de la fuerza. La frontera es el límite de la acción, el límite de las estrategias de poder como se celebra en diferentes tratados:

La concepción del mundo norteamericana implica un mundo en expansión, pues a la expansión territorial le sigue la económica. Y cuando llegan los límites de su poder hasta la frontera soviética, continúa con el expansionismo y el armamentismo al infinito. Al infinito y más allá: *"The New Frontier"*.

"The frontiersman" no sólo es el inofensivo buen salvaje rousseauniano que ama a la naturaleza, con un fuerte arraigo en la propiedad, al estilo Locke. Es el hombre utilitarista pragmático que busca el máximo de utilidad y poder, su expansión se extiende hasta los límites territoriales o espaciales que sean capaces de defender con éxito. El avance del *Frontiersman* ha forjado el carácter del hombre norteamericano, tal como aparece en el anuncio de *Marlboro* y en la película *La conquista del Oeste. "El proceso de la frontera ha sido el proceso de americanización"*,[61] señala Turner.

El enfrentamiento y lucha por la supervivencia entre el indio americano y el cazador, la entrada del comerciante, el pionero, la explotación intensiva del suelo para cultivos de maíz, trigo, tabaco y algodón mediante el esclavismo y posteriormente, la ciudad manufacturera son experiencias troncales del ser norteamericano.

---

[60] Frederick Jackson Turner, *op. cit.,* p. 1.
[61]*Ibid,* p. 9.

3.3 Estrategia política militar del expansionismo norteamericano

La frontera ha sido el encuentro entre el salvajismo y la civilización. En consecuencia, la vida salvaje se transformó en vida urbana, el tránsito del cazador y vaquero campesino se convirtió en el comerciante y hombre de empresa. La población de la frontera atlántica estaba compuesta de pescadores, vendedores de pieles, mineros, vaqueros y campesinos. El campesino pionero vence sobre los indios americanos ya armados con escopetas, la lucha por la apertura de la frontera produce el más feroz **individualismo** que impide la formación de un Estado centralista fuerte y propicia una confederación compuesta por gobiernos locales al estilo Jeffersoniano.

La historia de Estados Unidos se juega en su línea hacia el Oeste, la nueva frontera ha sido el inicio de una nueva conquista, es como un renacimiento, es una expansión de nuevas oportunidades de propiedad de la tierra. El Estado no tiene razón de ser en cuanto no necesita intervenir como árbitro en los conflictos sobre tenencias de la tierra; lo que el Oeste necesitaba no era una buena administración, simplemente necesitaba **tierra y libertad de propiedad privada, es decir, liberalismo clásico.**

Estados Unidos creció debido a la gran abundancia de tierras fértiles que estimulaban un afán de propiedad y riqueza insospechada. Durante la guerra con Gran Bretaña, los colonos norteamericanos cruzaron los Montes Apalaches, se establecieron en los valles cuyos ríos vertían sus aguas en el Río Mississippi. *"Movidos por un profundo sentimiento de propiedad, la guerra de independencia puso en vigor el principio de que la tierra pertenecía al pueblo".*[62]

Al firmar el Tratado de París, Luisiana pasó a poder de los Estados Unidos en 1803, Florida Occidental en 1810, Florida Oriental en 1821, Texas en 1836, Nuevo México y California en 1848, las tierras adquiridas eran de una extensión tan enorme que el pueblo norteamericano tardó varios años en poblarlas y ponerlas en producción, éste quedó ambiguo y Estados Unidos reservó toda un área de expansión que llegaba hasta los límites con Luisiana y las Floridas.

El Estado emitió títulos de propiedad a los colonizadores al Oeste de los Apalaches y así, obtuvo el dinero que necesitaba, a su vez, ellos presionaron al Estado para obtener más tierras de las reservaciones y para la exterminación de los indios. Lo cual se justificaba, mediante el puritanismo: "Quien no crea en Dios será reo de muerte", como aparece en Deuteronomio.

El fronterizo tenía un interés marcado en la independencia y la vida libre, no aceptaba autoridad central de ningún tipo, era muy individualista, sólo aceptaba la ley del más fuerte o la ley del revólver y luchaba por organizar libremente un gobierno local. El individualismo acelera su deseo de propiedad privada y capitalismo.

---

[62] Frederick Jackson Turner, *op. cit.*, p. 30.

Cada aldea constituía una unidad de representación democrática. Los puestos públicos se obtenían por elección, en caso de guerra o peligro, se observaba la más estricta igualdad y cooperación debido a que no existía gran diferencia social.

> *Cualquiera que fuese su posición, su clase o su condición moral, la gente fronteriza estaba aguijoneada por un incentivo común. Una afición idéntica los arrastraba a todos por igual: la sed de tierras, fuente prohibida de especulación. Los más diversos fines se satisfacían con tierra.*[63]

En cien años, una generación de padre, hijo y nieto, y las poblaciones que llegaron a la costa atlántica, habían conquistado el ancho del continente hasta la costa del Pacífico; como esto no les bastó, se expandieron también a Hawai y Panamá, puertos estratégicos para la seguridad nacional.

El expansionismo norteamericano obtiene su fundamentación política en la concepción de la propiedad de John Locke que dice lo siguiente:

> *Cada hombre tiene la propiedad de su propia persona. Nadie fuera de él mismo tiene derecho alguno sobre ella. Podemos afirmar que el esfuerzo de su cuerpo y la obra de sus manos son auténticamente suyas. Por eso, siempre que alguien saca alguna cosa del estado en que la naturaleza lo produjo y la dejó así, ha puesto en esa cosa algo de su esfuerzo, le ha agregado algo que es propio (suyo) y por ello, la ha convertido en su propiedad (suya).*[64]

Y también este concepto de propiedad fue el punto de partida- el sistema de referencia- de la Declaración de Independencia.

El hombre de acción que transforma la naturaleza, la domina y la hace suya como una utopía Baconiana se apropia de ella como ideal Lockeano. El suelo norteamericano podría ser interpretado como un estado de naturaleza, previa exterminación de los indios. Por lo tanto, la colonización fue concebida como un proceso de apropiación al ser los pioneros los que transformaban dicho estado natural a través del esfuerzo de sus cuerpos y la obra de sus manos. Fue de esta manera como se adueñaron del territorio.

El individuo es concebido como propietario de su propia persona y del producto del trabajo de su cuerpo o de su mente. Su libertad es la libertad de independencia frente a las voluntades ajenas en función de la propiedad. Los individuos y sus propiedades se unen

---

[63] Ramiro Guerra, *op. cit.* p. 30.
[64] John Locke, *Segundo ensayo sobre el gobierno civil,* Edit. Aguilar, Madrid, 1973, p. 23.

entre sí para formar la sociedad y constituyen el Estado para regular las relaciones entre individuos y sus propiedades.

El Estado tiene como única función defender y garantizar la propiedad según la teoría de Locke y el Estado norteamericano fue fiel a esta tradición, ya que funcionó como garante de la propiedad territorial y diseñó su política para la protección de la libertad. Es interesante observar al mismo hombre que elabora el discurso de poder de la Declaración de Independencia, estableciendo los fundamentos políticos de la propiedad en la teoría y en la práctica, en la acción, dirigiendo, coordinando y legalizando contratos de propiedad del movimiento expansionista hacia el Oeste, obedeciendo al principio pragmático que reza: "nuestras creencias son reglas para la acción".[65]

El espíritu pragmático de Thomas Jefferson se expresa en su política exterior que afirma lo siguiente: **"Conservar la prenda ambicionada en manos del débil".**

> *Nuestra confederación ha de verse como el nido del cual se poblará América entera, tanto la del norte como la del sur. Más lejano de creer que este gran continente le interese expulsar desde luego a los españoles. De momento aquellos países se encuentran en las mejores manos, que sólo temo resulten débiles en demasía para mantenerlos sujetos hasta el momento en que nuestra población crezca lo necesario para arrebatárselos parte por parte.[66]*

Jefferson analiza la situación, calcula la consecuencia de cada acción, elige la más útil y beneficiosa, pues a través del *"método pragmático trata de interpretar cada concepto trazando sus respectivas consecuencias prácticas".*[67]Siempre fue muy cuidadoso de no pretender el dominio de las colonias antes de que estuviesen en capacidad para poseerlas y conservarlas.

El cálculo de las consecuencias de la acción fue la constante de la política expansionista, la cual radicaba en:

- Observar la experiencia. Tesis del Empirismo.
- Calcular las fuerzas de las potencias y los resultados de la acción intervencionista, así como la elección de la acción más útil y beneficiosa, era la forma de proceder pragmática del Estado norteamericano.

Veamos un claro ejemplo de tal método. Si Estados Unidos pretendía el dominio de Luisiana, las potencias intervendrían. Si España conservaba Luisiana hasta que Estados

---

[65] James, William, *Pragmatismo, op. cit.* p. 65.
[66] José Fuentes Mares, *Génesis del expansionismo norteamericano,* p. 15.
[67] William James, *op. cit.* p. 44.

Unidos estuviera lo suficientemente fuerte para dominarla, las consecuencias de la acción serían beneficiosas para los norteamericanos. La expansión territorial de Estados Unidos, a expensas de España, debía hacerse con cautela para no provocar consecuencias desastrosas como una guerra frontal con España o alguna potencia europea

> *Entre los pocos hombres de la época que medían el alcance del Oeste, en la futura grandeza de la Unión, se contaba Jefferson, secretario de Estado del presidente Washington. El Oeste confiaba en él y, cuando la diplomacia ofrecía probabilidades de buen éxito, el fronterizo sabía esperar.[68]*

Jefferson elaboraba un cálculo exacto de las consecuencias de la acción y esperaba pacientemente. Manuel Godoy y Álvarez (1767-1851), ministro de Carlos IV de España, pensaba que en una guerra frontal entre España y Estados Unidos, España perdería. El destino de las colonias españolas fue amenazado por el vigoroso crecimiento de las poblaciones del Oeste.

> *En Basilea, Suiza, España acababa de celebrar un convenio secreto con Francia, comprometiéndose a luchar contra los ingleses. Godoy, temió que los norteamericanos irritados contra España se colocasen junto a los británicos en las hostilidades próximas a iniciarse. Adoptó una actividad amistosa hacia los Estados Unidos y puso término a su política dilatoria y firmó con Pinckney, el tratado de 1795.[69]*

Este fue un paso en falso para la conservación de las posesiones españolas, pues Norteamérica empezó a expandirse a expensas de España e Hispanoamérica.

La elaboración de la política norteamericana obedeció a una lógica expansionista y pragmática. Aun antes de ser expresada filosóficamente por William James, ya que ésta forma parte de la estructura de la mentalidad norteamericana. Investigar el significado de una acción trazando sus consecuencias prácticas, calculando sus efectos sobre España, Francia o Inglaterra. Francia volvió a interesarse en Luisiana. España, temerosa de perderla por parte de los Estados Unidos, se la cambia por un principado italiano. España piensa que la retrocesión de Luisiana a Francia servía como un muro de contención para sus posesiones: el virreinato de México.

A Napoleón Bonaparte se le despertaron sueños de restauración de un imperio ultramarino, en consecuencia, pretendió restaurar Santo Domingo y las Floridas. En la retrocesión de Luisiana, usó la amenaza contra España y le ofreció un principado en Italia a cambio de

---

[68]*Idem.*
[69]*Idem.*

Luisiana. Fue así como el Tratado de San Ildefonso de 1800 estipulaba que Francia no podría transferir la provincia a ningún otro poder.

Thomas Jefferson amenazó a Bonaparte para que renunciara a Luisiana, asimismo le propuso la **cesión de Nueva Orleans** y la promesa de que Francia presionaría para la venta de Florida, por parte de España, ante la inminencia de una guerra entre Francia e Inglaterra.

España, temerosa de que al firmar una alianza con Francia en Basilea, Estados Unidos se aliara a Inglaterra y le vendiera territorio, permite la navegación por el Mississippi, la concesión de almacenes de depósitos en Nueva Orleans y evacua una zona dos grados al norte de la Florida Occidental. *"Jefferson prefiere la posesión de Luisiana por parte de España que de Francia e Inglaterra. Unas manos débiles para arrancársela posteriormente".*[70]Igualmente Jefferson intimida a Napoleón con la amenaza de aliarse a Inglaterra en caso de que Francia efectuase la retrocesión de Luisiana.

La mente de Jefferson juega al ajedrez con las potencias europeas: **a mínimo costo, mayores ganancias, previo cálculo de las consecuencias de la acción.** Su espíritu pragmático fue quien observó y meditó fríamente las consecuencias de su acción ya que había anexado territorio violando la Constitución de los Estados Unidos Jefferson no poseía más poderes que los que la constitución le concedía, sin embargo, tomó posesión de Luisiana sin enmienda constitucional, quedando reducida ésta a "un mero pedazo de papel en blanco", según sus propias palabras.

> *En el caso de Florida, Jefferson hablaba de ofrecer "un precio" a España por Florida, pero su intención, en realidad, era no pagar un sólo centavo. Los Estados Unidos renunciarían a sus reclamaciones pecuniarias, simplemente.*[71]

El discurso de poder se impuso sobre el discurso del no-poder. Estados Unidos se apoderó de un territorio que no era suyo, pues consideraba que tenía legítimo derecho de propiedad y no pagó ni un centavo a puertos españoles. Los franceses tampoco hicieron reclamación alguna.

La escuela de Jefferson, su estrategia clásica expansionista fue aprendida por Madison, quien siguiendo la misma táctica, la utilizó para obtener la Florida Oriental; indirectamente promocionó el paracaidismo norteamericano en la zona, ofreció granjas y vastos terrenos. Luego, los invasores pidieron la independencia y después su anexión a Norteamérica, táctica barata sin costo militar y con máximos beneficios. Puro PRAGMATISMO.

---

[70]*Idem.*
[71]*Op cit,* p. 63.

La mayor seguridad que ofrecía la costa marítima era más que la terrestre: agilidad en las comunicaciones entre la costa del Golfo y del Atlántico y la especulación en el valor de la tierra.

Francia adquirió la Florida Occidental de España, junto con Luisiana, sin saberlo y la vendió a Estados Unidos, simplemente ignorándola. Por lo tanto, la ganancia fue para EE.UU. y las pérdidas para España, pues ese territorio le pertenecía. Sin haber invertido un centavo, Estados Unidos reclamaba este territorio como propio.

Luisiana incluía al inicio el este y el oeste del Mississippi hasta Ohio, Kentucky, Tennessee y la Florida Occidental. Fue hasta 1762 que Inglaterra cedió todos los territorios al este del río. Se reservaba el nombre de Luisiana a las posesiones al oeste del Mississippi. La Florida Occidental pertenecía a Inglaterra, de Nueva Orleans hasta el Río Perdido divisorio con la Florida Oriental. En 1783 España la recuperó.

Luisiana era una cosa, la Florida Oriental otra. España la había adquirido en diversas formas de poderes diferentes.

De la confusión del tratado de venta de Luisiana entre Bonaparte y los norteamericanos con la misma extensión que tiene ahora en las manos de España y que tenía cuando la poseía Francia. Estados Unidos sacó ventaja de la confusión del tratado.

La ambición anglosajona produce una idealización del pionero, pues convierte en el *frontiersman* a todo aquel hombre cuya búsqueda y afán de posesión de tierras expande la frontera y construye la nación norteamericana a expensas de Hispanoamérica y España. Pero según declara Theodore Roosevelt (1858-1919), el gobierno de los Estados Unidos de América no tuvo nada que ver con la toma de Texas.

> *Los fronterizos norteamericanos tomaron Texas por sí mismos, sin ayuda de los estadistas que dirigían la política de la República o de los soldados que recibían órdenes desde Washington.*[72]

Walter Long penetró en Texas al frente de 300 hombres y repartió las tierras para atraerse voluntarios. El mismo Roosevelt confesó que la invasión no se ajustaba a la moralidad internacional, pero justificó a los nórdicos, ya que según él, se encontraba frente a una raza superior. Y con el más belicoso darwinismo, compara a los pioneros con los nórdicos y a los mexicanos con los bárbaros; alaba de los primeros su orgullo, su audacia, su espíritu de aventura y su agresión.

Stephen F. Austin (1793-1836) organizó a 300 familias y una milicia en Texas. John Quincy Adams (1767-1848) sexto presidente de los Estados Unidos, deseaba la anexión de Texas y autorizó a su ministro para que comprara ese territorio en millón y medio de dólares.

---

[72] *Ibid*, p. 208.

En 1829 el gobierno federal de México prohibió la colonización norteamericana en las tierras próximas a la frontera de Texas. Y para ello, impidió la esclavitud, pues esta representaba un incentivo de la expansión hacia el sur. Andrew Jackson (1767-1845) séptimo presidente de los Estados Unidos, envía a Samuel Houston a organizar la anexión de Texas y a presionar para la venta. El propósito de la anexión sería por las buenas o por las malas.

En 1835 Antonio López de Santa Anna, al tomar el poder, propuso someter a los texanos por las armas. Samuel Houston reunió a los revolucionarios en San Felipe de Austin, entre todos organizaron la guerra, aprobaron una declaración de independencia, establecieron un gobierno provisional, designaron una comisión para que los representara ante el gobierno de los Estados Unidos y se eligió a Houston como comandante en jefe del ejército.

Los texanos fueron derrotados en El Álamo, pero Houston al grito de "Remember the Alamo" (Recuerda al Álamo) sorprendió a Santa Anna dormido en San Jacinto y lo derrotó desastrosamente. Una vez prisionero, Santa Anna firmó un tratado reconociendo la independencia de Texas.

El gobierno norteamericano no quería enfrentarse con Inglaterra, sin embargo, ya que esta potencia deseaba el cultivo de algodón en Texas, el Norte y el Sur vieron la anexión de este territorio como interés nacional. El Norte se había manifestado en contra de la anexión de Texas, porque afectaba al equilibrio de poder entre el Norte y el Sur.

Fiel a su tradición, el Estado norteamericano observó, calculó las consecuencias de cada acción, eligió la más útil y benéfica y esperó el momento más débil de México para negociar y comprar Texas. Los norteamericanos siempre son *los buenos, los defensores de las causas justas, de la libertad y de la democracia* y así consolidan su poder. Esta es su estrategia del pragmatismo y el liberalismo.

> *No tenemos intención de apoderarnos por la fuerza de las armas de Texas o de Cuba. Pero los habitantes de cualquiera de ellos, o de ambos, pueden hacer uso de derechos que son fundamentales y solicitar su unión con nosotros.*[73]

Ante el emplazamiento de Inglaterra a Estados Unidos de no tomar Texas o Cuba, el gobierno norteamericano no se compromete a nada, pues el acuerdo beneficiaría a Inglaterra ya que así se conservaba el equilibrio de poder comercial y éste perjudicaba a Estados Unidos.

---

[73] Ramiro Guerra, *op. cit.* p. 171.

3.3.1 Doctrina Monroe

La doctrina Monroe fue cuidadosamente escrita para que pareciera que se trataba de la defensa y protección de los países de Latinoamérica contra cualquier intento de ataque o dominación de las potencias europeas, con ello se ocultaba el deseo expansionista del poder norteamericano sobre América Latina. Los norteamericanos siempre buscan colocarse en una posición moral fuerte. "El derecho de la propia defensa es de indiscutible legitimidad. El de la propia extensión no tanto. Es preferible hablar de defender que de adquirir",afirma la Doctrina Monroe.

La doctrina Monroe, sintetizada en la frase "América para los americanos", fue elaborada por John Quincy Adams y atribuida a James Monroe en el año 1923. Dirigida principalmente a las potencias europeas con la intención de que los Estados Unidos no tolerarían ninguna interferencia o intromisión de las potencias europeas en América. La frase toma su sentido dentro del proceso de imperialismo y colonialismo en el que se habían embarcado las potencias económicas de esos años. Se *presentó* como defensa de los procesos de independencia de los países sudamericanos. Sin embargo, se produjeron igualmente intervenciones europeas en asuntos norteamericanos, como por ejemplo: la ocupación española de la República Dominicana entre 1861 y 1865, el bloqueo de barcos franceses en los puertos argentinos entre 1839 y 1840, el establecimiento de Inglaterra en Nicaragua y la ocupación de las Islas Malvinas por parte de Gran Bretaña en 1833.

La doctrina fue presentada por el presidente James Monroe durante su séptimo discurso al Congreso sobre el Estado de la Unión. Fue tomado inicialmente con dudas y posteriormente con entusiasmo. Fue un momento definitorio en la política exterior de los Estados Unidos. La doctrina fue concebida por sus autores, especialmente John Quincy Adams como una proclamación de los Estados Unidos de su oposición al colonialismo europeo.

Al comienzo del siglo XX, Estados Unidos afirmó su Doctrina del Destino Manifiesto y el presidente Theodore Roosevelt emitió el Corolario de 1904 (Corolario Roosevelt) afirmando *que si un país americano situado bajo la influencia de los Estados Unidos amenazaba o ponía en peligro los derechos o propiedades de ciudadanos o empresas estadounidenses, el gobierno de Estados Unidos estaba obligado a intervenir en los asuntos internos del país "desquiciado" para reordenarlo, restableciendo los derechos y el patrimonio de su ciudadanía y sus empresas.* Este corolario supuso en realidad, una carta blanca para la intervención de Estados Unidos en América Latina y el Caribe.

La interpretación posterior del contenido de esta doctrina ha variado con el tiempo. Primero se vio en ella la afirmación de *la absoluta independencia de los Estados americanos en todo asunto a ellos concerniente*; después, se invocó para rechazar toda acción de los Estados europeos, aún en asuntos en que el Derecho internacional la admite y desde hace mucho tiempo que los Estados Unidos han *modificado la regla "América para los americanos" sustituyéndola por esta otra: América para los americanos del Norte.*

Los Estados Unidos se han negado a reconocer el derecho de los Estados Europeos para celebrar entre sí tratados relativos a las grandes vías de comunicación abiertas en América al comercio y a la comunicación universal, a pesar del interés que en ello pueden tener aquellas potencias europeas que tienen posesiones o colonias en América. En este particular resulta esclarecedor lo ocurrido en el Canal de Panamá, sobre el cual (y en contra de lo convenido en el Tratado Clayton-Bullwer, celebrado entre los mismos Estados Unidos e Inglaterra en 1850) pretendió la República norteamericana desde 1881 ejercer una inspección exclusiva, y lo ha logrado. La supremacía que los Estados Unidos pretenden ejercer en toda América, aun contradiciendo los principios de Monroe o reinterpretándolos, ha quedado patente en múltiples ocasiones de las cuales bastará recordar su mediación de 1881 con motivo de la guerra entre Chile y Perú. Años más tarde los Estados Unidos, después de tres años de neutralidad, deciden apoyar a los Aliados.

En el mensaje que el presidente Wilson envío al Senado norteamericano a principios de 1917 al tratar de la guerra europea y de las bases para la paz, propuso que las diversas naciones adoptasen de común acuerdo, la doctrina del presidente Monroe como doctrina del mundo: que ninguna nación trate de imponer su política a ningún otro país, sino que cada pueblo tenga la libertad de fijar por sí mismo su política propia, de elegir el camino de su progreso y esto sin que nada le estorbe, ni le moleste, ni le asuste, de tal modo que parezca que hay igualdad con los grandes y poderosos. Pero la máxima culminación de este proceso histórico se produce cuando los Estados Unidos entran en guerra para combatir el nazismo en Europa. La doctrina Monroe no constituye sino la opinión personal del jefe del poder ejecutivo de los Estados Unidos en 1823, pero que no es una ley internacional aplicable a los Estados Europeos.

Interpretar el principio de la no intervención de los Estados Europeos en los asuntos americanos de una manera absoluta conduciría a que un Estado americano pudiera conculcar los principios de la justicia en sus relaciones con los individuos extranjeros, violar la ley moral, negarse a tomar en consideración las justas reclamaciones de los extranjeros perjudicados, crear de este modo un estado de cosas anormales e ilícitas según los principios de Derecho común y de la Moral internacional y rechazar después cualquier forma de injerencia para hacer cesar tales manifiestas violaciones de los principios de la justicia, atrincherándose en el principio de su independencia y en la doctrina de Monroe.

En síntesis, la doctrina Monroe es un tratado internacional unilateral, en donde él pone las reglas del juego para extraer el **máximo de beneficios y el mínimo de costos**. Sin embargo, las relaciones económicas y sociales que tal sistema habilita para América Latina tienen consecuencias negativas:

1. No tiene alta capacidad de consumo, frenando el ciclo **producción, distribución, circulación y consumo**.

2. Estados Unidos ha extraído recursos naturales: **oro, uranio, plata, cobre, petróleo, bananas, aguacate** y sobre todo, fuerza de trabajo **ultra barata,** y excedente que mueren antes de llegar a ofrecer su fuerza de trabajo en su **frontera**.

Por lo tanto, la miseria de América Latina le produce resultados inversos. Si Estados Unidos hubiera desarrollado un pragmatismo responsable, tendría un **continente con desarrollo sustentable**, con consumo decoroso aunque mesurado y sinergia productiva impulsando libertad, justicia e igualdad tal, como pregona su discurso pseudo-democrático.

El protestantismo funciona como la teología de la prosperidad al inyectar a cada individuo religioso la idea de que Dios prospera en él y debe mostrar su prosperidad como prueba de que Dios está con él. Y en este sentido, ellos han construido un imaginario que se sostiene con la idea de que Dios dijo que Estados Unidos dominara y "protegiera" a toda América de los extranjeros y conquistarán todos los pueblos del mundo le dice Dios a "Ahabran" en la Biblia.

La ambición Jeffersoniana llegaba hasta Canadá al norte y Sudamérica. Las promesas para los especuladores libertadores de Texas, Oregón o California, fluctuaban desde granjas y ranchos, hasta plantaciones de azúcar. El Estado norteamericano combinaba la iniciativa individual sin comprometer al gobierno con la política de "la espera paciente".

> *Desde 1800 la fama de las estadísticas dependía de sus adquisiciones territoriales. Jefferson había comprado Luisiana con la colaboración de Madison, Monroe y Livingston. Madison había tomado la Florida Occidental; Monroe y Adams, la Florida Oriental; Jackson y Houston, Texas. Polk confiaba en figurar en la lista de honor de los grandes constructores de una mayor unión. Él tomaría todo el territorio norteamericano hasta el Pacífico.*[74]

3.3.2 Destino Manifiesto

La teoría del destino manifiesto que justificaba y validaba la expansión territorial era fuertemente sostenida por James Polk (1795-1849). La sed de tierras y el deseo indómito de libertad de propiedad privada quedabancombinados con el liberalismo y el voraz darwinismo.

La doctrina Monroe contiene conceptos utilitarios y no humanistas, resultado de la experiencia, no de la meditación moral. Son en suma, conceptos angloamericanos del siglo XIX. A diferencia de la mentalidad hispana del siglo XVI, que extraía minerales de sus colonias, pero no las industrializaba y no tenía el sentido utilitarista de John Stuart Mill, por ejemplo:

---

[74]*Ibid,* p. 172.

La Iglesia Católica Apostólica y Romana había prohibido la usura, el cobro de intereses al préstamo de capital, los puritanos al arribar a Massachusetts, legislaron a favor de ellos. Considerando que vivir sin los intereses o la utilidad que ellos generan es impracticable, es decir, no es pragmático. Este es el pragmatismo anterior a su expresión filosófica.

En la guerra con México, los norteamericanos no reconocen a los mexicanos como iguales, nos consideran una raza de inteligencia inferior, mientras que ellos se conciben audaces, belicosos, emprendedores, sedientos de excitación y aventuras. Una raza joven, fuerte y orgullosa, tal como en la cosmovisión holliwoodense.

En la guerra con España, los españoles son concebidos por los norteamericanos como débiles, veleidosos y fanáticos.

Durante la Primera y Segunda Guerra Mundial, Estados Unidos se declara en primer momento en neutralidad; en un segundo momento se coloca como defensor de la democracia en oposición al imperialismo alemán. En la elaboración de la conceptuación de su teoría de la política exterior, Morgenthau, teórico de las relaciones internacionales, concibe a este país como representante de la política de defensa del *status quo*, mientras que considera a la Unión Soviética y Alemania como representantes de una política de agresión y de incremento del poder o política imperialista. Estados Unidos siempre aparece como en defensa de su territorio y de su seguridad nacional.

Morgenthau exhibe un modelo pragmático, utilitarista y empirista, según él mismo lo señala, la elaboración de la política obedece a un mínimo de riesgos, máximo de utilidad. Una política es correcta por sus consecuencias prácticas. El expansionismo norteamericano, disfrazado de neutralidad ideológica o de política de espera paciente, o bien, de política de seguridad nacional o continental, es correcto debido a las consecuencias útiles para Estados Unidos.

El destino histórico del continente Americano y la función de Estados Unidos en él, se vislumbra en el discurso de Monroe. Primero, Monroe se apropia del monopolio de la libertad al señalar que en Estados Unidos se goza de libertad. Segundo, se coloca en el sistema de referencia de poder europeo, en situación de defensa de la seguridad del continente Americano, situándose automáticamente en el monopolio del ejercicio del poder. La seguridad y defensa de Estados Unidos dependería de la seguridad y defensa de América y a la inversa, identificando, ideológica y militarmente a Estados Unidos de América con todo el continente de América, eslabonando la seguridad nacional a la seguridad continental. Por contradictorio que parezca, militar e ideológicamente se sitúa en posición de supuesta neutralidad.

En la segunda mitad del siglo XIX, Estados Unidos se extendió geográficamente. Por ejemplo, en 1867 Rusia le vendió Alaska por 7.2 millones de dólares y en 1898, tomó posición de las Islas Hawái, localizadas en medio del Océano Pacífico.

En 1898 Estados Unidos y España entablaron una guerra porque el gobierno norteamericano financió la liberación de Cuba, la cual estaba bajo el dominio español. Al final de la guerra, Estados Unidos obtuvo el control de las islas de Puerto Rico y de Guam. Y después de pagar veinte millones de dólares a España, tomó posesión de las Filipinas. A Cuba le fue dada su independencia, este conflicto fue conocido como la guerra de Estados

Unidos contra España o Guerra Española. Así fue como empezó a surgir la potencia del siglo XX.

Edward S. Corwin, uno de los eminentes intérpretes de la Constitución, dijo que *la Constitución como documento formal provino de los Padres Fundadores, pero como **ley** la Constitución proviene de y deriva todos sus poderes del pueblo norteamericano de este día y hora*. Consecuentemente, de acuerdo con su pensamiento, la única perspectiva correcta desde la cual se interpreta es considerándola *como una estatua viviente, palpitando con el propósito del momento,* y adecuándose al momento.

Daniel J. Boorstin[75] (1914-2004) ha dicho que *"los americanos ven a los Padres Fundadores como **todavía viviendo,** la Constitución que proyectaron aún es **adorada porque todavía funciona".*** Para la mentalidad norteamericana los cambios hechos a su sistema constitucional establecen "un arroyo ancho único" formando "la corriente sin interrupción de un estilo de vida norteamericano". El pasado o la percepción y entendimiento norteamericano de la experiencia continúa dando "significado al presente".

Y desde la Segunda Guerra Mundial, en varios sentidos, el sistema constitucional se ha visto forzado a adaptarse a la emergencia de los Estados Unidos como una súper potencia global con una variedad de pretensiones internacionales, menores o mayores, las cuales han sido presentadas hacia afuera como legítima defensa del interés nacional o teoría de la seguridad nacional. En realidad existe una necesidad psicológica anglosajona de justificar cada acción de agresión y presentarla en los términos mencionados, pues en su mentalidad es importante justificarse y legitimarse epistemológica y éticamente. Esta necesidad expresa el carácter pragmático de su mentalidad.

La guerra de 1812 fue un acto defensivo justificado por los atentados contra marinos norteamericanos; las incontables guerras contra los indios, actos de legítima defensa frente a sus tropelías y falta de respeto a los tratados; la guerra en México inevitable, como dijo el secretario de Estado Buchanan, para hacer de ese país un país civilizado; la guerra con España, la provocó ésta, y hubo que hacerla para vengar el hundimiento del Maine; participamos después en dos guerras mundiales en favor de la democracia para salvar al mundo del Kaiser y de Hitler; y por último de acuerdo con las palabras de Harry Truman y Lyndon Johnson, Estados Unidos peleó en Corea y en Vietnam para defender la agresión comunista a dos países pequeños y desamparados y salvaguardar la democracia o liberalismo. Política pragmática de contención. Detenté.

El imaginario simbólico norteamericano, presenta una creencia que consiste en ver *su destino,* como el de un pueblo elegido por Dios, para mostrar y demostrarse como potencia hegemónica. La relación entre la organización religiosa y la organización social, es la clave por la cual Estados Unidos pudo delinear el destino manifiesto y la doctrina Monroe para construir el armazón ideológico de su hegemonía. A la vez, la exploración hacia lo nuevo, la avanzada, el asalto, el corrimiento de fronteras, The New Frontier, se convirtieron en figuras constitutivas de tal imaginario.

---

[75] Daniel Jefferson Boorstin, *Democracy and its discontents: reflections on everyday America*, Edit. UEA, New York, 1974.

La cultura cristiana mostró coherencia en la reproducción de las filas ordenadas de la sociedad y las filas ordenadas de la iglesia en las jerarquías del cielo y el infierno en la búsqueda de la salvación en sus representaciones sociales y estéticas. A comienzos de los tiempos modernos, la cultura y la estructura social burguesa forjaron una unidad distinta con una estructura específica de carácter alrededor del orden y el trabajo.[76]

Los puritanos de Cambridge diseñaron la vida de un hombre libre y responsable en su tarea de realizarse en el ser del mundo, eslabonando el oficio, el trabajo y la creación con la asistencia de Dios como presencia y como providencia. Los mismos puritanos de Cambridge rechazaron las prohibiciones de usura de la Santa Madre Iglesia Católica y Romana y restauraron la usura, la utilidad. Ello es así, porque una vida sin usura es impracticable desde tales percepciones del mundo, uniendo así el puritanismo y el pragmatismo. Y en este sentido, el estilo de vida propio del pensamiento de los Estados Unidos, "está nutrido por permanentes corrientes de la teología protestante".[77]

Este pensamiento tradicional de los Estados Unidos ha reelaborado el concepto de razón tomado de la filosofía inglesa. Y los postulados fundamentales de la reforma protestante, el principio de la interioridad y el de libertad, fueron replanteados por los de la libertad y la responsabilidad moral individual. Este segundo concepto es la versión moderna del sentimiento de culpa y de pecado, el trabajo exige cantidades industriales de plusvalía que sólo se logra si se introyectan tales ideas en los sujetos. Esto es esencial para comprender el fenómeno del capitalismo pragmático.

En tanto que el principio de la libertad, el más rico y fructífero, fue tomado como la libertad de la conciencia humana y la *tolerancia*, la cual subsiste a pesar del sombrío dogma de la predestinación y la afirmación del individualismo exacerbado que promueve el máximo de productividad y consumo de cada individuo, en el hedonismo consumista en la era del vacío y el ocaso del deber.

Las fuentes de tal concepción de la libertad se vuelcan en dos cauces; hacia la responsabilidad moral del hombre singular ante Dios, que mora en su conciencia haciendo depender la vida en el mundo exterior de un sentido inmanente e introspectivo; y otra, hacia el hacer, hacia el actuar en el mundo, juzgar un acto moral por sus consecuencias.

En tal idea de libertad habría que buscar también las raíces del empirismo radical y del universo pluralista de William James, en el que todos y cada uno de los individuos tiene su interpretación del Universo y su referencia en la validación y verificación en la experiencia.

No quiere decir que el hombre que vive dentro de la cultura de los Estados Unidos carezca de bondad y generosidad desinteresada, las posee, pero agota su sentido ético en los resultados y las endereza a fines inmediatos y efectivos para el *bien común*. La ayuda no se

---

[76] Daniel Bell, *Las contradicciones culturales del capitalismo,* Alianza Editorial, Madrid, 1977, p. 3.
[77] Angélica Mendoza, *Fuentes del pensamiento de los Estados Unidos*, COLMEX, México, 1950, IX.

dirige a tal amigo querido sino a cualquier individuo que sepa demostrar capacidad, poseer ambición y suficiente coraje moral para cumplir con los fines que se ha propuesto.

El contenido estético y racionalista de la existencia dentro del orbe mediterráneo, latino y católico carece de atracción y de significado para un tipo de cultura que ha estructurado una organización jurídica y social que funciona a base de principios naturales inalienables, el derecho a la vida, a la libertad y a la propiedad para todos los individuos que comparten la misma matriz cultural. Los ideales de libertad y democracia son el *leit motiv* del sistema. El liberalismo clásico se expande hacia *the new frontier*.

La búsqueda de una forma coordinada, apoyada en la ayuda mutua y la cooperación sin más recompensa que la de una espontánea y querida adhesión a la comunidad, al pueblo y a la nación, es tema permanente de toda la nueva inquietud espiritual. La interioridad de lo religioso y su consecuente soledad espiritual en lo personal, se expresan ante sí y ante el grupo.

El mismo zigzag en el desenvolvimiento de esa preocupación, a veces de vuelo corto, otras como llameante desparramo de una poderosa vida interior, está patente en la poesía, en la cual aparecen por vez primera las interrogantes acerca de la muerte y en el cruel y amargo realismo de la novela que revela esa discontinuidad, falta de consistencia y cohesión en el estilo de vida y del pensamiento.

Junto con la herencia protestante puritana, que ponía su más alta valoración en las virtudes de industria y frugalidad, la filosofía del "sentido común" constituye el más sólido y permanente cuerpo de creencias y mitos del hombre norteamericano, pues ha proporcionado los elementos necesarios para la ideología de una sociedad democrática. Pero veamos detenidamente dicha herencia religiosa.

El puritanismo es el rechazo al orden religioso medieval, tomista y escolástico. La revolución triunfante en Inglaterra en 1649, bajo las órdenes de Cromwell, era una mística militante que pretendía construir un mundo ideal. Rescataba, entre otras, la idea de soberanía popular en el establecimiento del Estado, fundado por Hugo Grocio en el Derecho de Gentes en 1625, el cual a su vez estaba basado en el derecho de propiedad y de libertad individual aportado por John Locke, en el Segundo Tratado sobre el Gobierno Civil.

Desde 1659, Richard Baxter en su Holy Commonwealth analiza la posibilidad de la organización de un Estado teocrático, esto es, una forma teológica del sistema civil implantado por el British Commonwealth y en la que el Estado y la religión constituyen un solo cuerpo a fin de establecer el reino de Cristo en la Tierra, es decir la ciudad celestial en donde fuera posible la hermandad.[78]

---

[78]*Ibid,* p. 5.

El puritanismo es entonces una socialidad basada en una experiencia mística y personal. Se trata de la realización del ideal calvinista de la Holy Community. La Reforma proponía la buena vida en este mundo, la obtención de la felicidad, la afirmación de los valores mundanos y la tendencia a mejorar la "suerte" de la condición humana.

Asimismo, la organización religiosa presbiteriana, en la que los miembros de la iglesia elegían libremente a su representante-pastor entre la asamblea de presbíteros, creó las condiciones necesarias de la organización política democrática en las trece colonias de Norteamérica. **Esta es la diferencia esencial con la democracia europea, que en el caso norteamericano fueron las comunidades religiosas, la base para la construcción de un Estado teocrático.**

La democracia se desarrolló totalmente diferente en el continente y en Norteamérica en donde se encontraba frente a tierras *vírgenes,* libres de toda la organización jerárquica feudal y el peso de referencias filosóficas políticas y sociales del *ancien* régimen.

Tanto en la experiencia calvinista de Ginebra como en la presbiteriana en Escocia y la puritana de América, el carácter religioso de la empresa se asentaba en una seria conciencia política que repudiaba la monarquía y el feudalismo. Así el presbiterianismo introdujo en Escocia un sistema de sínodos y asambleas de tipo republicano que hacían intervenir en ellos a los campesinos, los artesanos y los hidalgos pobres de provincias que no habían actuado realmente en toda la historia de la vida política y que constituyen la única fuerza constructiva de la época.

Nueva Inglaterra se convirtió en un almácigo protestante, calvinista y puritano. En 1648 se efectuó el sistema religioso federativo en la reunión del **Sinodo de Cambridge, Massachussets,** en una serie de **covenants o pactos**. Su religión recibió una fuerte influencia del platonismo, de Plotino y de San Agustín.

Este último, une una sociedad celeste encarnada en la Iglesia y una ciudad terrestre, producto del pecado y la caída del hombre. La existencia se dirigía hacia la salvación, *una flecha dirigida al infinito.* El pacto eclesiástico enlazaba el reino de lo espiritual y celestial con lo mundano.

El puritanismo unía la soberanía absoluta de Dios con la doctrina racionalista de los derechos naturales. La doctrina puritana con el orden de laissez faire y de la libre competencia, combinó elementos protestantes, calvinistas, congregacionistas, presbiterianos e incluso de un impulso misionero de acento hebraico.

Por ejemplo, la nota hebraica acerca de la estimación positiva del dinero y de la riqueza coincidió con el ideal práctico y la tendencia por una completa libertad de comercio, de explotación y de conquista que era propia del pueblo inglés. En Inglaterra primero y en Estados Unidos después, florecieron las industrias, los negocios mediante una disciplina moral y religiosa. La gracia era un valor más importante, William Penn insistió en la luz interior de la revelación en el alma humana como fuente verdadera de la religión y su manifestación en el orden externo.

El periodo Colonial y Revolucionario de Estados Unidos estuvo impregnado por las ideas de la soberanía de Dios.

Para el hombre puritano la vida humana encubre una dramática contradicción, su desarmonía ingénita y su apetencia por integrarse en el orden cósmico al que presiente como morada de la divinidad y destino final de su condición. Padeciendo el mal y la desarmonía sueña con el Bien.[79]

La desilusión colma su alma, pero no la sumerge del todo en la desesperanza. Existen en el camino de su existencia altos y bajos y la certidumbre de ser el depositario de la gracia lo anima y lo sostiene. Así como la posesión de la riqueza, del poder y del talento indican el goce de privilegios previos de la misma manera la santidad y la posesión de lo divino reconocen como causa la inescrutable decisión de la divinidad. Por ello, el sujeto debe ser consciente que Dios también elige a los que han de ser "monumentos de su severidad". Las teorías de la predestinación y el libre albedrío, flotaban en el aire.

Lutero subraya la doctrina de la invencible concupiscencia. Erasmo introdujo el estudio del griego en Oxford. La purificación del alma debe preceder a la iluminación de la mente. Se pretendía el cumplimiento de una vida ideal, fundada en Platón y Plotino.

La vida debía de concebirse como un diario laborar, fraguado en la *sweet reasonableness* (dulce moderación) como un requerimiento moral en el camino a la PERFECCIÓN.

In the understanding it was knowledge, in the life it was obedience; in the affections it was delight in God; in their carriage and behavior it was modesty; calmness, gentleness quietness, can dour ingenuity; in their dealing it was uprightness, integrity, correspondence the rule of righteousness.[80]

"En el entendimiento era el conocimiento, en la vida era la obediencia, en el afecto que era el deleite en Dios, en su manejo y comportamiento era la modestia, la tranquilidad, la quietud, la dulzura, la ingenuidad duradera; en su trato era la rectitud, la integridad, la correspondencia de la ley de la rectitud".

La razón es chispa divina y misteriosa o es una posesión común a todos los hombres ya sean ellos místicos, profetas, sabios o seres sencillos, dejando a la fe que arroje al alma a lo insondable de la DIVINIDAD. La razón es la verdad que te conduce a principios claros, la razón es la causa final que te conduce a Dios. Esto es equivalente al νοῦς del griego:

---

[79]*Ibid,* p. 20.
[80] Angélica Mendoza, *op. cit.,* p. 51.

inteligencia del universo; del francés: razón que ilumina. La razón de la revolución francesa (IIuminatio Ilustrada)

Dios es Luz – *voῦς* – Razón

Observamos un proceso de continuidad en el concepto *voῦς* y Razón. Aparece en Grecia en la imagen de Palas Atenea *Parthenos*, después lo encontramos en la imagen de Santa Sofía en Constantinopla y por último en el concepto de la razón, el cual enarbolaban los *iluminati* y que condujo a la formación de los enciclopedistas y a la fundamentación de la revolución francesa, lo cual derivó en la filosofía del positivismo, donde practicaban culto a la ciencia, la libertad y la razón.

Dios ordena, organiza el universo. La providencia te da la fortuna. La fortuna es una forma oculta y misteriosa de la providencia. El espíritu es además un principio plástico que tiene un objetivo final en sí: modelar la materia y prepararla para aposentar el alma. Pero esa luz es deseada por el hombre, porque no ha perdido su vínculo con Dios a pesar de su caída y es concebida por la Divinidad en un acto de amor infinito. El fin del espíritu es gobernar y controlar la materia, Cambridge nos propone una espiritualización de la realidad. Esa espiritualización de lo real, o mejor, esa valorización y preeminencia del espíritu sobre la materia nutrió a Estados Unidos.

"Un principio plástico" por medio del cual se expresa la vida. Tal principio plástico es una sustancia incorpórea e inmanente que modela a la materia y de la cual desciende en emanación una serie escalonada de ángeles, hombres, animales y vegetales.[81] Esa naturaleza plástica está subordinada a Dios, es incorpórea e inconsciente y obra mágica, vital y unida por medio de la simpatía.

En esto coincide con el pragmatismo, su filosofía es plástica y maleable. El Dios es concebido por los filósofos de Cambridge como la culminación espiritual que arranca desde lo más primario del universo.

Las leyes de la naturaleza y la ley moral son expresiones de la divinidad. La ley moral concebida para ese fin no debía ser una norma improvisada, sino la ley interna del ser del hombre cuyo hacerse requiere el ámbito de la libertad.

La vida cristiana es un proceso de santificación. "Pero el hombre no es un santo en el mundo, sino que su piedad requiere el trato y el contacto con los demás hombres para realizarse. La vida moral es cumplida mediante una armonía, sabiduría y prudencia".[82]

El capital industrial generó una ética y estética diferente, del ascetismo pasamos al hedonismo utilitario. El ser humano es una parte objetual del sistema, de la maquinaria social que produce capital, es decir el hombre está inmerso en relaciones abstractas cuantitativas. Trabajo abstracto.

---

[81]*Ibid,* p. 56
[82]*Ibid,* p. 58.

La desigualdad en riquezas en el original sentido protestante de la vida, es un don de Dios o un castigo, el favorecido por la bondad divina demuestra tal protección por el éxito de sus negocios. En el hombre actual, tal implicación teológica se ha desvanecido a una afirmación de carácter *más humano y social*, triunfa aquel que racionaliza mejor sus actividades y controla eficazmente sus propias emociones.

Por ejemplo, la obra *Siete hábitos de la gente altamente efectiva* es una actualización de la Biblia. En la que hay un tiempo para trabajar, un tiempo para comer y un tiempo para amar.

Es decir, se trata de una sociedad basada en la competencia y la propiedad, como principios de desigualdad basados en la ley de Dios, que según la ética protestante y originaria, establece jerarquías y traza una frontera decisiva entre los elegidos y los réprobos. Haciendo de cada hombre un ser responsable de sí mismo ante la comunidad. Sin embargo, en tal esquema, sólo son elegidos la élite anglo-norteamericana, los *winners*, (ganadores) en tanto que los otros son los *loosers* (perdedores) latinoamericanos, islámicos, orientales y africanos.

El poder económico, social y político tiene que gravitar justificadamente alrededor del capitalista, incitándolo a la creencia de nuevas fuentes de riqueza y de poder, la ley de la desigualdad de las riquezas es pues, la eficaz palanca que mueve a los hombres a ser ahorrativos, emprendedores, sobrios y productivos. Libres ante la libre competencia.[83]

El *Manifest Destinity*, forma activa del mesianismo político, ha constituido también una de las notas de implícita grandeza en el crecimiento de los Estados Unidos. Su doctrina tiene un sustento religioso, pues es la proyección laica de la creencia de "pueblo elegido" en la concepción profética de la existencia y de la historia. A su vez, dio significado y misión al Ethos de la nación precisamente en el momento histórico de su expansión territorial colonial e industrial. Ha concedido también un gran valor moral a la ideología de la democracia capitalista en crecimiento vertiginoso y que necesitaba justificar éticamente la absorción de nuevas tierras.

En el medio siglo entre 1800 a 1850 se plantearon y resolvieron los problemas surgidos de las nuevas fronteras y de la marcha hacia el Oeste: la compra de Luisiana (1803); la guerra con Canadá (1812); la anexión de Texas y la guerra contra México (1845-48); la campaña contra los Estados del Sur (1852); preludio de la guerra civil, la inauguración de la política con el extremo Oriente; la declaración de la Doctrina Monroe (1826) como delineamiento de principios respecto al futuro del continente americano; el comienzo de la política comercial y financiera hacia la América Latina, los incidentes alrededor del Canal de Panamá, la discusión acerca de los límites a la expansión de la trata de negros y la preocupación por el destino de Cuba y Puerto Rico.

Todos esos acontecimientos marcan jalones del desarrollo de esa expansión y fuerza impulsiva de la nación en tremendo crecimiento entrando en el ámbito del equilibrio de los poderes mundiales. La doctrina de la responsabilidad marítima de los Estados Unidos surge también durante el siglo XIX y alcanza su máximo de desarrollo en el presente período de grandes guerras mundiales.

---

[83] *Ibid*, p. XV.

Asimismo, el Destino Manifiesto es una filosofía nacional que explica la manera en que este país entiende su lugar en el mundo y se relaciona con otros pueblos. A lo largo de la historia estadounidense, desde las trece colonias hasta nuestros días, el Destino Manifiesto ha mantenido la convicción nacional de que Dios eligió a los Estados Unidos para ser una potencia política y económica, *una nación superior*.

La frase "Destino Manifiesto" apareció por primera vez en un artículo que escribió el periodista John L. O'Sullivan en 1845, en la revista *Democratic Review* de Nueva York. En su artículo O'Sullivan explicaba las razones de la necesaria expansión territorial de los Estados Unidos y apoyaba la anexión de Texas. Decía:

> *El cumplimiento de nuestro destino manifiesto es extendernos por todo el continente que nos ha sido asignado por la Providencia para desarrollo del gran experimento de libertad y autogobierno. Es un derecho como el que tiene un árbol de obtener el aire y la tierra necesarios para el desarrollo pleno de sus capacidades y el crecimiento que tiene como destino.* [84]

Muy pronto políticos y otros líderes de opinión aludieron al "Destino Manifiesto" para justificar la expansión imperialista de los Estados Unidos. A través de dicha doctrina se propagó la convicción de que la "misión" que Dios eligió para el pueblo estadounidense era la de explorar y conquistar nuevas tierras con el fin de llevar a todos los rincones de Norteamérica la "luz" de la democracia, la libertad y la civilización. Esto implicaba la creencia de que la república democrática era la forma de gobierno favorecida por Dios. Aunque originalmente esta doctrina se oponía al uso de la violencia, desde 1840 se usó para justificar el intervencionismo en la política de otros países, así como la expansión territorial a través de la guerra, como sucedió en 1846-48 en el conflicto bélico que concluyó con la anexión de más de la mitad del territorio mexicano.

Se ha dicho que un aspecto positivo de esta doctrina tiene que ver con el entusiasmo, la energía y determinación que inspiró a los estadounidenses para explorar nuevas regiones, especialmente en su migración hacia el oeste. También dio forma a uno de los componentes esenciales del "sueño americano": la idea de que se pueden obtener la libertad y la independencia en un territorio de proporciones ilimitadas. *Al infinito y más allá*. En cambio, las consecuencias negativas son de lamentar la intolerancia hacia las formas de organización social y política de otros pueblos, el despojo, exterminio y confinamiento de los pueblos indios de Norteamérica a reservaciones, guerras injustas y discriminación, como por ejemplo: Japón, Corea, Vietnam, Panamá, Afganistan, Irak y todos los puntos estratégicos. Sin embargo, todo está justificado desde el poder divino porque *Dios está con nosotros*. **"Homo homini lupus est", concepción hobbesiana del hombre revestida de liberalismo clásico lockeano**, doble juego, doble moral. Conservar el **cinismo** Inglés y apropiarse de la **bondad, el equilibrio y el clasicismo**.

También ha sido evidente un proceso pragmático de adaptación hacia las nuevas circunstancias en el pensamiento y vida religiosa norteamericano, desde la época colonial. Pues si bien se trata de una sociedad predominantemente protestante, con inspiración teológica tomada de dirigentes

---

[84] Destino Manifiesto.

de la Reforma como Lutero y Juan Calvino, la comunidad religiosa estadounidense se dividió en un número casi infinito de variedades de denominaciones, sectas y sub-sectas. Sin embargo, la expresión más típica de la creencia religiosa norteamericana fue incorporada en lo que se ha nombrado "Protestantismo Puritano", abarcando a los Congregacionistas, Bautistas, Presbiterianos, Metodistas, Unitarios, Cuáqueros, Discípulos de Cristo, Ejército de Salvación y algunas ramas de la Iglesia Anglicana.

Esta visión particular del protestantismo fue a la vez influida principalmente por tres movimientos religiosos del Viejo Mundo separados y a menudo disímiles: el calvinismo, el espiritualismo y los movimientos de las sectas bautistas. Por lo tanto, desde su inicio, el protestantismo norteamericano era resultado de sincretismos: su enfoque hacia la verdad religiosa incluía tanto un énfasis sobre la comprensión intelectual de la realidad espiritual y en ocasiones, una "experiencia" emocional e individualista de las verdades religiosas que conducían a la salvación personal. Para la mentalidad norteamericana, ambas dimensiones de la vida religiosa eran esenciales –protestantismo y puritanismo- y muy pocos norteamericanos se molestaban por la paradójica incongruencia implícita en los hechos.

La creencia puritana en la predestinación no era ninguna barrera para la idea de que cada creyente determinaba su propio destino. Explicar para la mentalidad puritana la comprensión del Reino de Dios dependía de la elección humana: la regeneración espiritual siempre es posible, pero es contingente sobre la decisión personal del individuo de buscarla desde un inicio y ejemplificar su renacimiento espiritual viviendo una vida cristiana.

También la vida puritana se caracterizaba por una intensa disputa teológica. A pesar de esto, las creencias religiosas puritanas no permanecían estáticas, siempre eran receptivas a nuevos conocimientos e ideas y los creyentes buscaban liberarse de los rígidos dogmas teológicos y las jerarquías religiosas establecidas.

El pensamiento puritano no comprendía a un grupo de creencias sistemático y coherente. Más bien, siempre fue una colección de actitudes básicas en lugar de una ideología específica y estática.

El punto de vista de Lutero era que la fe no era simplemente dar asentimiento intelectual a proposiciones teológicas, sino una cuestión a la que llamó *asenso*, o la aceptación de un compromiso personal para tomar un riesgo o "salto gozoso" a través del abismo del pecado, la culpa, la desesperación y la muerte". En oposición de una búsqueda filosófica abstracta de la verdad, los puritanos insistían que Dios podía conocerse por "lo que es, por lo que ha hecho… por sus *acciones* enormes".

En la sociedad de la frontera, la iglesia o "reunión campestre" representó un papel no solamente en el suministro de guía espiritual y revitalización, sino también como un centro social y recreativo. El júbilo o "éxtasis" a menudo acompañando a los servicios religiosos era un alivio de bienvenida a la austeridad usual y a veces trágica de la cotidianidad de la época.

La existencia en la frontera era casi un ejercicio diario de sobrevivencia, adaptación e improvisación; aprendían haciendo las cosas y con una solución ecléctica a los problemas. Es de entender que en estas condiciones, las actitudes de los norteamericanos, en cuanto a las cuestiones religiosas, reflejaban las mismas cualidades eclécticas, prácticas y realistas.

Una característica ostensiva de la vida religiosa en Norteamérica ha sido su naturaleza sorprendentemente ajustable y dinámica, pues los grupos religiosos casi siempre han rechazado la idea de la "piedra pasiva" a favor de "la cooperación del ser uno con Dios en hacer un mundo mejor, así como también una vida mejor". Por lo tanto y como se ha mencionado, el protestantismo dominante en los Estados Unidos ha exhibido una "gran capacidad" para adaptarse y reformarse.

Todo estudioso de la historia norteamericana sabe los movimientos de reforma en las esferas económicas, sociales y políticas que han sido influidas por enseñanzas religiosas y sus reformas han sido defendidas por organizaciones religiosas. Estados Unidos paga un dólar por cada dólar obtenido en la región para expandir el protestantismo.

Otro aspecto conspicuo de la vida religiosa en los Estados Unidos ha sido lo que a veces se ha llamado el "caos de cultos" o la proliferación continúa en denominaciones, sectas y sub-sectas. Estos cultos y movimientos al margen, sin duda, alguna han sido testigos del amor norteamericano a la libertad y llama la atención el desagrado norteamericano de una Iglesia establecida cuya jerarquía prescribe dogmas y doctrinas religiosas.

La comunidad protestante ha sido extraordinariamente "pluralista" en cuanto a los fundamentos de la fe cristiana. Los grupos protestantes en América han evolucionado a partir de un movimiento religioso menos interesado en la "estructura" que "en dirigirse hacia la acción".

La otra cualidad excepcional de la teología protestante en Estados Unidos ha sido su papel decreciente en la vida religiosa nacional. De acuerdo al punto de vista de algunos comentaristas, la teología en este país ha caído en bancarrota, pues al final de cuentas, no produjo a ningún teólogo de primera categoría.

El pensamiento religioso norteamericano se ha ido alejando de lo "místico y contemplativo hacia lo individualista y lo inmediato". Para los pensadores religiosos norteamericanos "la conciencia de lo último" ha tenido que ceder "a las preocupaciones de la vida práctica". La idea central del pensamiento religioso en esta nación progresivamente ha sido un énfasis sobre el comportamiento o conducta moral o en la aplicación de las ideas religiosas en la vida cotidiana. Dijéramos que ha habido un corrimiento desde el puritanismo hasta el pragmatismo.

La falta de énfasis sobre las especulaciones teológicas abstractas dentro de la comunidad religiosa norteamericana ha sido tipificada por el comentario dicho por el decano del Colegio de Teología en la Universidad de Harvard en 1946, que dijo: *El cristianismo es una calidad de vida en vez de un sistema fijo de doctrinas* que aspira a la perfección. Lo que se ha nombrado "el retiro del objetivo físico" de la religión norteamericana ha sido la culminación de un proceso histórico largo en el cual no sólo su vida religiosa, sino sus actividades, incluyendo las políticas domésticas, económicas y relaciones internacionales, tradicionalmente han rehuido posturas doctrinarias rígidas a favor de soluciones flexibles y de sentido común a los problemas inmediatos.

Un número de comentaristas ha llamado la atención al carácter "puritano" único del catolicismo norteamericano; paradójicamente los católicos en los Estados Unidos son "los más puritanos" y los que tienen los valores mucho más profundos.

También el judaísmo norteamericano ha sido una fe dinámica y adaptable. Más que su contraparte en otros países, en los Estados Unidos ha dejado de enfatizar el papel de la teología formal, al grado de expresar la recurrente pregunta sobre si posee alguna cohesión teológica. En este sentido, el judaísmo norteamericano siempre ha ejemplificado "el pragmatismo". El mismo término *tradición judeo-cristiana* subestima la extensión por la cual los judíos en Estados Unidos se han esforzado con éxito en demostrar lo compatibles que han sido sus creencias con las de la cultura occidental.

3.4 Primera Guerra Mundial

El *anglonorthamerican establishment* diseñó la Guerra Mundial. Inglaterra tenía un rival: Alemania. El primero era potencia naval y el segundo una potencia continental. De ahí que Inglaterra organizara a los países aliados, incluyendo Estados Unidos, para destruir Alemania. Fue a través de la revista *Life*, que el *anglonorthamerican establishment* propició el odio hacia los germanos a fin de fomentar la guerra.

Son dos grupos de países los que se enfrentaron en esta contienda militar: por un lado estaban los poderes centrales con Alemania, el Imperio Austro-Húngaro, Turquía y Bulgaria. Por otro, los aliados, más de veinte naciones dirigidas por Inglaterra y Francia.

Estados Unidos trató de permanecer neutral en un primer momento como parte de la política aislacionista. La población reeligió a Woodrow Wilson (1856-1924) en 1916, porque él en ese momento no quería intervenir en la guerra europea. No obstante, desde 1917, el gobierno norteamericano encontró imposible permanecer fuera de ella. El motivo para entrar surgió a consecuencia del hundimiento de un barco carguero y de pasajeros estadounidenses. Así pasó de la política aislacionista a una de intervención en la guerra, política intervencionista.

Estados Unidos declaró la guerra contra las potencias de la Entente. Dos millones de soldados norteamericanos condujeron a los aliados a la victoria en los campos de batalla y la lucha terminó en noviembre de 1918. El Tratado de Paz fue firmado en Versalles, Francia y en realidad, fue diseñado por el *anglonorthamerican establishment*. Evidentemente su ingreso en la fase final de la contienda le redituó grandes beneficios.

El presidente Wilson insistió en la elaboración del Tratado para la creación de la *Liga de las Naciones,* esta organización fue diseñada para mantener la paz entre los países del mundo; curiosamente el senado estadounidense lo rechazó, por lo tanto, Estados Unidos nunca perteneció a la *Liga de las Naciones.*

3.5 Depresión

Tal como aparece en la película *Wall Street*, se puede crear una crisis financiera desde la bolsa de valores y manipulada por los mismos dueños del dinero, a fin de conseguir algún objetivo específico. Así la crisis de bancos locales en la década de los treinta, tenía como objetivo la creación de la **Banca Central**.

Después de la Gran Guerra vuelve la prosperidad a Estados Unidos, sin embargo en octubre de 1929 se presenta la Gran Depresión. Esta separa la producción y el consumo, el trabajo y el capital, rompiendo así el ciclo de riqueza de los estadounidenses, pues se dan grandes inventarios de producción sin dinero para comprarlos. El presidente Herbert C. Hoover (1874-1964), trató de mejorar la economía sin lograrlo y para 1932, millones de trabajadores se quedaron sin empleo.

Según la Teoría de la Conspiración los banqueros corrieron el rumor de que el banco no tenía dinero, así los ahorradores corrieron a sacar su dinero generando la crisis. Los campesinos de las grandes planicies norteamericanas perdieron sus tierras cuando no pudieron pagar a los bancos regionales sus créditos. A su vez los bancos quebraron porque no pudieron cobrar los préstamos que habían otorgado. Por lo tanto los gobiernos locales no podían proveer pagos a los desempleados.

Cuando Franklin D. Roosevelt (1874-1964) inició su administración presidencial, prometió aplicar su *New Deal* (Nuevo Tratado) en 1933; reabrió los bancos y atendió el desempleo. Los nuevos proyectos públicos fueron: el *Acta del Seguro Social* y el *Seguro de Desempleo,* ambos se llevaron a cabo en 1935.

Los cambios realizados antes y durante la Primera Guerra Mundial fueron teniendo legitimidad constitucional por las decisiones de los jueces Oliver Wendell Holmes hijo, Louis D. Brandeis y otros "pragmatistas jurídicos". Al resolver cuestiones constitucionales planteadas por la creciente intervención del gobierno en las actividades empresariales, a menudo eran conducidos por la máxima que reza: *La vida de la ley no es la razón, sino la experiencia.* Sobre esa premisa examinaron con mucho cuidado las consecuencias de las acciones gubernamentales o la falta de éstas al determinar la constitucionalidad de leyes particulares. Por supuesto, la suposición implícita de este enfoque fue que los conceptos generales como la "libertad" o el "bienestar general" siempre tienen que estar definidos dentro de un contexto específico y este requisito implicaba necesariamente, la posibilidad de que el significado cambiara de un periodo histórico a otro. Más tarde que temprano sobre la base de esta prueba, los juristas pragmáticamente inclinados, encontraron que una reglamentación más estricta del gobierno hacia las actividades empresariales cumplía con las normas constitucionales.

Sin embargo, más que en cualquier otra época en la historia norteamericana, el Nuevo Trato de Franklin D. Roosevelt fue testigo de los cambios más numerosos y de mayores consecuencias en la naturaleza del sistema capitalista. Roosevelt al ser elegido como presidente en 1932, se dedicó a "salvar" el capitalismo norteamericano de los efectos de la depresión más ruinosa en la historia de la nación. Las prescripciones consistieron en realizar programas novedosos y reglamentos con lo cual buscaba simultáneamente revivir la actividad económica en los Estados Unidos e imponer nuevas restricciones a las prácticas de las empresas y hacerlas más responsables del interés público.

Desde una perspectiva ideológica el Nuevo Pacto fue una bolsa gratuita para tomarla o un *conjunto* desconcertante de conceptos y programas que la administración Roosevelt ofreció gradualmente. Si su enfoque hacia los problemas internos, tenían una consistencia o cohesión ideológica los estudiosos del Nuevo Pacto en aquel tiempo y después fueron incapaces de darse cuenta. En más de una ocasión el presidente expresó su desprecio por los filósofos al decir que dejaba la racionalización filosófica de su programa a sus consejeros.

También la naturaleza del capitalismo norteamericano fue crucialmente afectada por las actitudes tácticas y demandantes del movimiento laboral estadounidense. Su enfoque tradicional reflejaba "al sindicalismo pragmático y necio" que se identificaba en la figura de Samuel Gompers, el primer presidente de la American Federation Labor (AFL). Gompers manifestó poco interés en causas como el "derrocamiento revolucionario del poder estatal". En lugar de esto, proponía el "sindicalismo puro y sencillo" comprometido en conseguir objetivos "aquí y ahora". Su triple expresión crítica de las demandas laborales: "más, más y más" fue la manera como ejemplificó la orientación ecléctica y sin ideología del principal movimiento en los Estados Unidos.

Los conflictos laborales y patronales de Estados Unidos fueron conducidos "dentro de un marco de acuerdos últimos", pues con todo y que a veces fueron amargos, prolongados y violentos luego del acuerdo establecido, se reanudaba la producción.

Con el tiempo, el movimiento laboral fue autorizado y protegido por el gobierno nacional. A la inversa, los grupos laborales militantes, tal como los Industrial *Workers of the World* (IWW), apodados en inglés "wobblies" fueron atacados. A principios del siglo XX y después de la Segunda Guerra Mundial, los sindicatos comunistas casi siempre se encontraron en oposición a la corriente principal de las organizaciones laborales y al sentimiento mayoritario del pueblo norteamericano.

En la época posterior a la Segunda Guerra Mundial los dirigentes laborales y sus organizaciones representaron un papel activo al oponerse al expansionismo soviético en el extranjero y su influencia dentro de los Estados Unidos y en otros países. Al interior, aspiraban tan sólo a incrementos salariales y mejores condiciones de trabajo, dejando en el olvido, el carácter revolucionario de tales organismos.

De todos modos, más que ningún otro movimiento político en la historia de Estados Unidos, el Nuevo Pacto fue el prototipo del enfoque pragmático a retos nacionales y extranjeros que confrontaba la crisis económica más seria de la experiencia nacional. Roosevelt afirmaba que el país necesita y el país exige experimentación persistente y valerosa. Es de sentido común tomar un método y ponerlo a prueba. Si fracasa, habrá que admitirlo con franqueza y poner a prueba otro. Pero sobre todo, intentar poner a prueba algo.

En 1934 Roosevelt dijo por radio a una audiencia nacional que lo escuchaba: *"Creo en explicaciones prácticas y en políticas prácticas"*. A su Nuevo Pacto se le caracterizó "no como un programa comprensivo, consistente y cuidadosamente planificado, más bien como una serie de respuestas prácticas a la variedad de problemas que surgieron a partir de la Depresión". Un analista político con experiencia llamó a Roosevelt "como un hombre de acción", es decir, un pragmático progresista a quien "le importaba mucho los resultados pero bastante poco cómo se conseguían".

Es suficiente notar que la orientación pragmática de Roosevelt también fue evidente en el campo de la política exterior. Por ejemplo: algunos observadores europeos estaban convencidos de que **"sobre todo, era un empirista"** cuyo enfoque hacia las cuestiones internacionales era "sin doctrina o planes consistentes". Otros estudiosos de la diplomacia del Nuevo Pacto creían que las ideas del presidente, como las "cuatro libertades" y la "Carta del Atlántico", reflejaban una **"síntesis rooseveltiana" de conceptos conservadores y liberales;** otros creían que la diplomacia del Nuevo Pacto incorporaba ideas tanto de aislamiento como internacionalistas.

Mientras se acercaba el final de la Segunda Guerra Mundial otro comentarista concluyó: *"El presidente Roosevelt **siempre estaba… actuando pragmática, oportunista y tácitamente.** Como era usual, siempre estaba totalmente comprometido sobre el trabajo inmediato por delante, es decir, ganar la guerra"*. Sobre todo su política exterior era "más de una respuesta sencilla a eventos en el extranjero que un plan o programa establecido en la colaboración doméstica de políticas exteriores". Diplomáticamente le faltaba una "estrategia firme" y casi siempre, se encontraba perdido en cuanto al "significado de los asuntos" en ultramar.

Franklin Delano Roosevelt quizá fue el prototipo del jefe pragmático del poder ejecutivo. Sus remedios para los males que asaltaban a la sociedad norteamericana eran declaradamente eclécticos, experimentales y dictados por la naturaleza de los problemas internos y extranjeros; asimismo estaba determinado a evitar las soluciones "colectivistas" de moda en la Alemania nazi y en la Rusia comunista. De todas maneras rechazaba la idea extendida en todo Estados Unidos durante la década de los veinte, de que el gobierno debe intervenir en la economía y permitir *sin impedimento* que las fuerzas del mercado determinaran el nivel y la naturaleza de las actividades empresariales. En consecuencia, el Nuevo Pacto sería una verdadera miscelánea de programas novedosos de gobierno, leyes, órdenes ejecutivas, pautas y sugerencias para las empresas norteamericanas. Estos pasos habían sido diseñados para estimular la producción industrial y agrícola; para reducir el desempleo, proteger a los trabajadores y sus familias de los resultados adversos del ciclo de negocios; revivir el comercio exterior, crear un programa de retiro (Seguro Social) para millones de estadounidenses y quizá, sobreponerse al malestar psicológico imperante de la década de los treinta.

La administración de Roosevelt sentó las bases para que surgiera el Estado de Bienestar en los Estados Unidos. Sus ideas gozaban del apoyo de la gran mayoría del pueblo norteamericano mientras estuvo al mando del gobierno. A pesar de la reacción conservadora que trajo a la Casa Blanca a Ronald Reagan en 1981, no ha existido ningún intento coordinado desde la Segunda Guerra Mundial para desmantelar este Estado de Bienestar. Esta es otra aplicación pragmática.

Mientras se estaba acercando el final del siglo XX, se empezaron a hacer preguntas sobre el futuro del sistema capitalista norteamericano. Otros países, como Kuwait, alcanzaron un ingreso por habitante superior al de Estados Unidos y la posición económica largamente dominante, había sido desafiada por un Japón dinámico. En varias industrias nacionales tanto los ejecutivos empresariales como los trabajadores exigieron una legislación proteccionista contra los peligros de la competencia internacional "injusta". Lo cierto es que las empresas estadounidenses a veces han sido lentas al reconocer lo serio que pueden ser los nuevos retos para adoptar innovaciones tecnológicas y explorar los cambios en las tendencias del consumidor.

Un número de problemas serios e intratables han permanecido sin solución, por ejemplo el alto desempeño, especialmente entre minorías étnicas; lo obsoleto de ciertas técnicas de producción y capacidades laborales; la pobre posición de competencia de algunos segmentos de la industria norteamericana y la perenne situación depresiva de algunos sectores agrícolas. A principios de la década de los ochenta, se pudo observar que la fortaleza de Estados Unidos yace en su capacidad de innovación creativa y en "la ingenuidad del yanqui".

El neoliberalismo consiste en:

- Recorte del gasto social.
- Recorte de empleos.
- Recorte del Estado.
- Mayor libertad de monopolios.

Sean cuales sean las formas que eventualmente tome la respuesta norteamericana a los desafíos económicos emergentes, tomando como base la experiencia nacional, se puede predecir un resultado satisfactorio. La respuesta de la sociedad estadounidense será dentro del espíritu del Nuevo Pacto, por lo tanto, estará menos preocupada con principios ideológicos que con la solución a problemas urgentes e inmediatos que consistirán en una mezcla de soluciones a corto y largo plazo que serían, por ejemplo: programas de investigación científica, tecnológica y en desarrollo que producirán innovaciones importantes en la industria y en la agricultura; novedosos procesos y técnicas de producción, incluyendo las adaptaciones de ideas tomadas del Japón y otros países; patrones de innovación en las relaciones obrero-patronales; modificaciones significativas en el sistema educativo y los programas de la preparación vocacional adaptados a los cambios anticipados en la sociedad y novedosos programas gubernamentales y de reglamentación dirigidos a sostener la economía norteamericana próspera, dinámica y estable.

El campo de la experiencia nacional que más certeramente ejemplifica las tendencias pragmáticas del pueblo norteamericano estadounidense es su vida política. Hasta hoy el sistema político democrático de Estados Unidos evoca desconcierto, asombro y mistificación en los observadores internos y extranjeros.

En términos un poco más filosóficos, otro estudio reciente del sistema político norteamericano se refiere a la brecha que siempre ha existido entre los ideales planteados y las instituciones que han incorporado a su práctica. El resultado ha sido la continua desarmonía entre las dimensiones normales y existenciales de la política norteamericana. Por lo tanto, la desarmonía ha sido evidente en cada periodo de la experiencia política y según ciertas normas, puede que esto sea más evidente ahora que antes.

Muchos de estos aspectos similarmente extraños e intrigantes del sistema político norteamericano son puestos de relieve por muchos y continuos esfuerzos hechos para identificar la fuerza causal "original" o primaria que motivan las contiendas políticas norteamericanas. En esta búsqueda, se han ofrecido innumerables explicaciones y teorías: el proceso político en los Estados Unidos alternativamente, se ha representado como una contienda entre adversarios ideológicos, tales como los que se proponen una interpretación de la Constitución "suelta" contra una "estricta", o de los que proponen cambios socioeconómicos radicales (modernizadores) contra un grupo apegado al *estado de cosas;* entre los trabajadores y los dueños de los medios de producción, la explicación marxista o entre los dueños de esclavos y los que no tienen, el Este contra el Oeste, entre los WASP protestantes y otros grupos políticamente "establecidos" contra minorías étnicas, grupos en desventaja y los que son excluidos al acceso del poder político; entre feministas y conservadores, etc.

Por más de 200 años los norteamericanos han descrito su sistema de empresas con el término de *capitalismo* un principio que en la mentalidad popular hizo a Estados Unidos grande.

Uno de los pensadores más eminentes de la época moderna, Jacques Maritain, ha comentado largamente sobre lo que él ha nombrado un fenómeno de gran importancia histórica: el éxito impactante del sistema (económico) no sistemático. El régimen industrial que los norteamericanos heredaron del Viejo Mundo se ha vuelto irreconocible en este país.

Estados Unidos de Norteamérica ha producido nuevas estructuras económicas las cuales se siguen elaborando y permanecen en "un estado de fluidez", que hacen tanto del capitalismo como del socialismo cosas del pasado. Los conceptos occidentales tradicionales como la libre empresa y la propiedad privada en cuanto se trasladaron a suelo norteamericano evolucionaron en formas "completamente diferentes de aquellas del siglo XIX". Es más, el camino todavía está abierto para nuevas transformaciones en el futuro.

A partir de la Segunda Guerra Mundial varios comentaristas han dirigido la atención a las disparidades evidentes de la práctica y teoría del capitalismo norteamericano. Un número de ellos ha hecho un llamamiento para acuñar un "nombre nuevo" para su sistema económico, puesto que entre otras razones en la historia moderna del capitalismo, este se había convertido ampliamente, en un sinónimo para la intervención extranjera y la opresión económica interna por los dueños de la producción en detrimento del pueblo. Por lo tanto, se han propuestos términos tan diversos que van de *capitalismo con participación social y capitalismo democrático* a las designaciones menos conocidas como *gerencialismo* y *corporativismo.* José Luis Orozco las llama,*la Revolución Corporativa.*

En muchos aspectos los norteamericanos abandonaron hace mucho tiempo los preceptos de *laissez faire,* no del modo como los marxistas lo habían predicho: a través de "revoluciones repentinas, violentas y destructivas, sino por medio de transmutaciones firmes, constructivas y no sistemáticas". Un análisis más reciente sobre la experiencia económica llegó a las mismas conclusiones: su tesis básica consiste en que en su mayor parte, el curso del desarrollo económico norteamericano no ha sido determinado por trastornos sociales o la incorporación de anteproyectos ideológicos, sino por selecciones pequeñas e incrementadas por millones de personas en el tiempo.

3.6 Segunda Guerra Mundial

En 1939 Alemania, dirigida por Adolph Hitler (1889-1945) y el Partido Nazi invade Polonia, en consecuencia Inglaterra y Francia declaran la guerra a Alemania, luego Alemania forma un *Eje* de defensa y se une a Italia y Japón, las cuales se nombran las *Potencias del Eje.*

Los *Países Aliados* fueron Polonia, Nueva Zelanda, Gran Bretaña, Australia, India, Francia, Nepal, Sudáfrica, Canadá y Checoslovaquia, juntos combatieron al *Eje* en la Segunda Guerra Mundial. Al inicio Estados Unidos no participó en esta guerra, solamente ayudó con equipo militar y económico, sin embargo inició de lleno su propia política armamentista. En 1940 Roosevelt fue electo presidente por tercera vez.

Estados Unidos destruyó la base de abastecimiento petrolero de Japón, por lo tanto Japón atacó a Pearl Harbor.

El ataque a Pearl Harbor (Hawái) propició que Estados Unidos le declarara la guerra a los países del *Eje*. En correspondencia, el *Eje* le declaró la guerra a Estados Unidos. Por lo tanto, el gobierno estadounidense incrementó la producción de barcos, aviones, tanques y demás armamento militar que ya había preparado antes. Por cada tanque destruido Norteamérica reponía 15 y por cada avión derribado 30, pero no estaban preparados para la guerra.

Italia se rindió en 1943, dejando sola a Alemania. Y el 6 de junio de 1944 las fuerzas aliadas llegaron a Francia a través del Canal de la Mancha, a ese día se le conoce con el nombre de *Día D.* Mientras tanto en el frente oriental, Alemania luchaba contra los ejércitos soviéticos. En mayo de 1945, Alemania se rinde a las fuerzas aliadas y así termina la Segunda Guerra Mundial.

Estados Unidos elabora una política pragmática que fluctúa desde el aislacionismo hasta el intervencionismo. Siempre aparece como **víctima**, no como victimario. Superaba el armamento europeo notablemente y resulta el gran beneficiario que reconstruye Europa mediante el Plan Marshall. Con resultados utilitaristas y pragmáticos gigantescos.

La guerra del Océano Pacífico terminó unos meses después cuando Estados Unidos lanzó dos bombas atómicas sobre Hiroshima y Nagasaki, el responsable de este acto fue el presidente Harry S. Truman (1889-1945). La consecuencia de esta atrocidad fue la muerte de decenas de miles de civiles japoneses y la declaración de paz por parte de Japón.

3.7 Posguerra

Tras todo ello, se crearon las siguientes organizaciones para preservar la paz y dar auxilio militar en caso de agresión: la Organización de la Naciones Unidas (ONU) que se estableció el 24 de octubre de 1945; el Tratado de la Organización del Atlántico Norte (OTAN) que se fundó el 4 de abril de 1949 y el Pacto de Varsovia cuya creación fue el 14 de mayo de 1955. Las dos primeras, en realidad, representan los intereses de la *Anglonorthamerican establishment* expresado en el FMI y el BM

Estos tratados determinan una estructura bipolar del mundo entre Estados Unidos y la ex Unión Soviética, dando origen a la Guerra Fría, es decir, enfrentamientos de baja intensidad en diferentes zonas de conflicto, principalmente países del tercer mundo, Corea, Vietnam. Y en este contexto, el presidente norteamericano diseña la *Doctrina Truman para* proveer de ayuda económica y militar a los países que se oponían al comunismo.

3.7. 1 La guerra de Corea

La guerra de Corea fue un conflicto bélico que surgió en la península coreana en junio de 1950 y terminó en julio de 1953. Para el caso que nos ocupa, Estados Unidos envió tropas al mando del general Douglas MacArthur para apoyar al ejército surcoreano, ampliar su esfera de influencia y frenar el avance del régimen comunista instaurado en Corea del Norte que contaba con el apoyo de la URSS y China.

Con el auxilio de tropas chinas y soviéticas los norcoreanos invadieron a los surcoreanos. La administración de Truman y el Consejo de Seguridad de la ONU repelieron la invasión comunista en la península. Sin embargo, la contienda terminó dividiendo a Corea en dos a la altura del paralelo 38 norte: Corea del Norte y Corea del Sur. En estos momentos, según estudios de la NASA y Googles, Corea del Sur tiene un índice de crecimiento acelerado mientras Corea del Norte está sumido en la pobreza.

De esta forma, el expansionismo norteamericano llegaba a la frontera con China y la URSS, transformando este espacio en *The New Frontier, The Last Frontier*.

Sin embargo, Estados Unidos amenaza a Corea del Norte por su armamento nuclear. El Senado aprobó el presupuesto militar más grande de la historia de Estados Unidos, es presentado por el presidente Obama, según Noam Chomsky.

3.7.2 La carrera espacial

En 1957 la Unión de Repúblicas Soviéticas Socialistas lanzó su primer satélite al espacio llamado *Sputnik.* Estados Unidos para no quedarse atrás, inicia su carrera espacial bajo las órdenes del entonces presidente Dwight D. Eisenhower, quien lanza al espacio el satélite *Explorer I* en enero de 1958. La nave espacial que llegó a la luna decía WASP, White Anglo Sajón Protestante.

La carrera espacial estadounidense consiguió alunizar al primer hombre en julio de 1969. Este proceso forma parte del corrimiento de fronteras hacia el espacio exterior, como dice Buzz Lightyear en la película *ToyStory: "al infinito y más allá",* en referencia a la *New Frontier, The Last Frontier.*

Actualmente la nanotecnología prepara naves especiales mediante el uso de partículas sub-sub atómicas.

3.7.3 Derechos civiles y derechos humanos

En 1964 el presidente de Estados Unidos, Lyndon B. Johnson consiguió que el congreso aprobara los *Derechos Civiles.* Esta legislación fue iniciada por el presidente John F. Kennedy (1917-1963) y defendida por el reverendo Martin Luther King (1929-1968) quien murió en su lucha contra el racismo.

Martin Luther King fue asesinado el 4 de abril de 1968 en Memphis Tennessee, debido a su lucha por la consolidación de los Derechos Civiles, disminuyendo en algo al racismo feroz, fruto de evolucionismo y darwinismo social que sostiene la tesis de las razas superiores, las razas inferiores y la superioridad de las razas anglosajonas sobre las otras.

3.7.4 La guerra de Vietnam

Después de que Francia abandonó Vietnam, los comunistas del Vietcong se propusieron liberar a todo el país. La guerra tomó su más feroz cauce bélico con la administración de Lyndon B. Johnson. La táctica militar empleada y aprobada por él fue la de bombardear sistemáticamente a Vietnam para derrotar a las guerrillas comunistas. Antes que a este, a Kennedy le ordenaron enviar dinero, armamento y militares, obedeció con el dinero y el armamento, sin embargo, decidió evitar el envío de militares. Tras su fallida estrategia, es que podemos entender las decisiones de la administración de Lyndon B. Johnson.

A finales de la década de los sesenta, medio millón de tropas estadounidenses fueron enviadas a pelear a Vietnam; igualmente para el corrimiento de fronteras del expansionismo estadounidense y para tener un punto estratégico de cohetes teledirigidos apuntados hacia China. Actualmente, Estados Unidos está haciendo demostraciones atómicas frente a China, que amenaza con ser potencia hegemónica en 30 años, según Noam Chomsky, en conferencia sobre política norteamericana en la UNAM. Septiembre del 2011.

3.7.5 Los presidentes norteamericanos de la posguerra

Nixon

"Richard Nixon era un pragmático del centro" ni de izquierda, ni de derecha. Nixon traicionó a los conservadores quienes lo habían sostenido principalmente a Rockefeller, quien había fraguado la campaña por la presidencia.

Nixon hablaba de un nuevo movimiento de innovaciones colectivistas para la planeación de la economía nacional e inversiones federales en la economía, es decir un modo de producción basado en el control y planeación de la producción desde el Estado, disfrazado de capitalismo o **revolución corporativa**. Todo lo iniciado por los miembros del *establishment*, con influencia y aspiraciones de un gobierno global.

La política de Richard Nixon se transformó en un capitalismo de Estado a través del modelo de *Welfare State* o *Estado de Bienestar*. El presidente tiene que estar seguro del concepto de pleno empleo y adopción de precio y control de salarios y su consiguiente déficit financiero.

El presidente Nixon había suavizado los sentimientos hacia la Unión Soviética y hacia China y propició la simpatía de la opinión pública hacia este bloque comunista. Los Estados Unidos no reconocieron oficialmente a los Bolcheviques sino hasta 1933, pero mientras, hacían **inversiones multimillonarias en electricidad, petróleo y armamento**. Stalin reconoció que Estados Unidos lo ayudó durante la guerra con ayuda técnica e industrial al 80%. Los conservadores Barry Goldwater y Ronald Reagan permitieron a Richard Nixon moverse con impunidad hacia una economía keynesiana y pragmática.

En este sentido, Nixon realizó una visita histórica a China en 1972 para incluir en un futuro cercano el comercio internacional abierto y cerrar relaciones bilaterales entre ambos países. Así mismo en 1973 el presidente Richard Nixon (1913-1994) comenzó a retirar de Vietnam tropas estadounidenses y se firmó un tratado de paz. Pero debido a la guerra en Medio Oriente, se creó una *Crisis de Energéticos* a nivel mundial. En 1974 el presidente Gerald Ford (1913-2006) asumió la presidencia, después de que Richard Nixon fue destituido.

También estimularon el comercio este-oeste removiendo restricciones sobre la exportación de más de 400 productos entre Estados Unidos y Europa Occidental: vegetales, cereales, petróleo, plásticos, papel, textiles y fertilizantes, metales, detergentes, maquinaria e instrumentos científicos.

Detengámonos un momento en la relación Rockefeller-Nixon. El clan Rockefeller ha trabajado con los Rothschild y sus agentes desde 1880, cuando el original John D. arregló una reducción del barril de petróleo de sus competidores Kuhn, Loeb & Co., y así controló Pennsylvania, Baltimore y los ferrocarriles de Ohio.[85]
Estados Unidos enviaba materiales no estratégicos para armar productos estratégicos. Eaton construyó diez plantas de caucho y plástico sintético. Los norteamericanos se interesaron por construir la fábrica de tractores y tanques para los comunistas. Además Eaton y Rockefeller construyeron una planta de aluminio. Así mismo, Rockefeller vendió la patente de armamentos a los soviéticos.

Gracias a todo ello, Kissinger afirmaba "El presidente Lyndon B. Johnson reconoce a Richard Nixon como un presidente republicano que ha sido capaz de realizar cosas que un presidente demócrata no hubiera podido hacer".

El juego mundial exige un control global. Y esto no puede hacerse si las naciones tienen soberanía nacional, primero se centraliza el control dentro de cada nación, se destruye la política local y se remueven las armas de las manos de los ciudadanos. Al interior de Estados Unidos se planteaba la posibilidad de reemplazar la República Constitucional por un gobierno central poderoso y Hamiltoniano. Ello es exactamente lo que sucedió con la administración de Nixon: cada acción se dirigió a centralizar el poder. Sin embargo, el famoso escándalo de *Watergate* tuvo graves consecuencias.

Estados Unidos de Norteamérica estableció una política de Detente frente a la Unión Soviética y abrió una política de intercambio económico con la China comunista, ahora rabiosamente capitalista.

---

[85] Abraham Larry, *Teoría de la Conspiración,* Double A. Publications, Washington, 1985.p. 152.

Jimmy Carter

De 1976 a 1980 Jimmy Carter (1924-) fue el trigésimo noveno presidente de Estados Unidos. Se trataba de un interno que aparecía como externo, ejercía una crítica contra el *establishment* y los jefes políticos de los internos. "Carter hablaba suavemente para predicar amor, invocaba el nombre del señor, decía que él estaba fundado en Jesús, que él había sido lavado en la sangre del cordero y que él era un renacido"[86].

La confianza e integridad fueron enfatizadas. Carter es el ganador sin cualidades. Su sonrisa y su atmósfera de campesino de cacahuates lo llevaron al triunfo. Sin embargo, Zbigniew Brizinski y David Rockefeller formaron la **Comisión Trilateral**y planearon minuciosamente la campaña de James Carter. Esta comisión proponía un estatismo conservador. Fundada en 1973, se ha establecido como el instrumento de la conspiración y ha contadocon la participación de los bancos Chase Manhatan Bank, City Bank, Morgan Guaranty Trust, Fundation Carnegie y Fundation Rockefeller

En su primer día de oficina, todo evasor de la Guerra fue perdonado, continuó con la prohibición del uso de limosinas por los oficiales administradores de Carter, la marina se silenció, parecía que no había jefe de Estado. Los hombres de Carter admitían a los comunistas de Vietnam y se esperaba que los cubanos trajeran estabilidad y orden a África. Al principio de su periodo, Carter gozaba de una gran popularidad idílica, con 40% en mayo de 1979, pero cae completamente hasta el 32% cuando fue tomada la embajada de Estados Unidos en Irán. En 1979 cuando al senador Edward Kennedy se le hundió su secretaria en Chappadiki, bajó a 16%, lo cual generó desempleo, ansiedad, confusión y hostilidad. Y un año antes de terminar su periodo, en febrero de 1980, cuando Ronald Reagan fue nominado para presidente por el partido republicano, su popularidad se encontraba en el 21%.

Ante todo ello la **Trilateral** había tomado el control de la política exterior[87]. Una verdadera élite del gobierno en la sombra, que contaba con líderes en negocios, industrias, finanzas, leyes, así como una red de escuelas, clubes y asociaciones de negocios. El propósito: un nuevo patrón de política internacional que sometía a las soberanías nacionales y conduciría al desarrollo de un nuevo orden internacional. Una codeterminación entre estado y corporaciones. Japón, Europa Oriental, afirmaron que esta cooperación era esencial, no sólo para sus regiones, sino en la búsqueda de un nuevo orden mundial.

Los editores del *Times*, Samuel Hungtinton y Walter Mondale afirmaron: "el internacionalismo o liberalismo internacional, es nuestro credo".

El viejo marco de política internacional con sus esferas de influencia y alianzas militares entre naciones, las fricciones de soberanía y conflictos doctrinales, no son compatibles con la realidad, el Estado nacional como una unidad fundamental ha dejado de ser una fuerza creativa, los bancos y empresas multinacionales están actuando y planeando sobrepasando al concepto de **Estado Nación**.[88]

---

[86]*Ibid*, p. 195.
[87]*Ibid,*

Los Miembros del *establishment* de Rockefeller generaron una política compatible con el NUEVO ORDEN INTERNACIONAL. Zbignew Brezinski fue representante de la Seguridad Nacional.

Se constituyeron diferentes instituciones

Consejo de Relaciones Exteriores, Programa Nacional de Seguridad de Salud, Agencia de Protección al Consumidor, Consejo Nacional de Seguridad, Secretaria de Estado, Secretaria de Defensa, Secretaria de Tesoro, Secretaria de Relaciones Exteriores.

"Después de cada gran guerra en este siglo buscamos un nuevo Orden Internacional", "En la presente crisis el Estado no es la solución a nuestro problema, el Estado es el problema" afirmaban.

En Asuntos Externos, el Canal de Panamá, fue el Tratado que proveía tal división en 1977 y 1978, fue escrito en secreto ningún detalle del lenguaje en los tratados fue enviado al Congreso, hasta 24 hrs antes. El Sha de Irán fue destronado, la embajada norteamericana en Irán fue tomada y SALT II fue firmado. Afganistán fue invadido, oficialmente por Unión Soviética, pero apoyado militar y técnicamente por Estados Unidos con su grupo AL-QAEDA o base de datos de personas contratadas por Estados Unidos.

Ronald Reagan

En noviembre de 1979, Ronald Reagan llega a ser electo a la presidencia con 8.4 millones de votos, 50.7% contra 41% para Carter y 6.6% para el independiente. A su campaña la llamó *Tiempos para elegir*: "Preservaremos para nuestros hijos nuestras mejores esperanzas para los hombres en la tierra o caminaremos en las sombras miles de años". "Haremos todo lo que deba ser hecho".

Con él se da origen a una nueva etapa política-económica: al ofertismo y el monetarismo o neoliberalismo. Esta corriente es una vuelta a la teoría de Adam Smith, la cual deja a los individuos en la libre competencia sin que el Estado intervenga. Esto es verdad pero el mismo Smith previno que en caso de que los monopolios amenazarán el equilibrio, el Estado debía intervenir y restablecerlo.

Es decir los neoliberales diseñan una teoría del Estado mínimo, con disminución del gasto social y el desmantelamiento del estado de bienestar, trayendo como consecuencia recortes del gasto público, desempleo, recesión y violencia. Proceso que va desde Thatcher en Inglaterra, hasta Reagan, Bush padre y Bush hijo en Norteamérica.

---

[88] Kevin Philiphs, *Herald American*, Boston, 1976.p. 5.

Así,Reagan, quien prometió luchar contra el *establishment*, pronto aceptó la influencia de la Comisión Trilateral, misma que lo condujo a lo que llamó suavidad en la defensa, pues la Comisión creyó que el comercio y los negocios deben trascender a la defensa. Prometió menos gobierno y el *establishment* estableció **menos gobierno para crear y gobernar el nuevo orden internacional**. Prometió que quitaría el subsidio a las clases menos favorecidas y precisamente se da un aumento a los subsidios a los negocios y a las clases más favorecidas.

En muchos sentidos Reagan resultó ser pragmático, pues como se explicó dirigió recortes presupuestales al gasto social, leche para madres solteras, bibliotecas para invidentes, mientras tenía el mayor déficit en gastos de armamento. Estados Unidos era el país más endeudado del planeta pues acabó su mandato con una deuda de 4 billones de deuda externa por gasto militar. La política de Reagan derivó en **déficit e inflación** del 124%.

Y aun a pesar de lo mencionado, todavía comentaban "Podemos mostrar que en cada programa estamos gastando más dinero y ayudando más a la gente que en toda nuestra historia".[89] Por su parte, Bush padre, quien fuera vicepresidente en esta administración, director del Consejo de Relaciones Exteriores y padre de la Comisión Trilateral desde 1979, afirmaba: "Somos una élite que hace decisiones para que la gente viva bien".[90]

Por otra parte y en cuanto toca a la política exterior, la Unión Soviética fue convertida del gobierno del mal a un socio comercial. Hablando de nuestro poder militar y la estrategia nuclear, "ventanas de vulnerabilidad que Ronald Reagan, dejó abiertas".[91]

Sin embargo, tal acercamiento con la URSS no fue del todo estable durante el periodo, pues quince días después de que los soviéticos destruyeran el avión KAL 007 en 1983, el Kremlin expresó la convicción que la revuelta mundial podría ser breve y no afectaría la estructura de la **Detente**. Aquella conclusión cívica fue fundada y cumplida. Y el presidente Reagan buscó más acuerdos de control de armas con el Kremlin. Reagan fue al rescate de estadunidenses en Granada, un país-isla comunista. Así como discutió ir a la fuente del conflicto según él: Cuba.

El presidente afirmó en relación al control de armas y desarme que se rompía con la mitad de los acuerdos de 25 años. En misiles estratégicos y bombas, los Estados Unidos son más débiles que cuando Jimmy Carter tenía la presidencia. La política real estaba en el Comité de Relaciones Exteriores, en el Departamento de Estado, el Departamento de Defensa y la CIA. Ronald Reagan resultó ser el presidente más conservador de Estados Unidos del siglo XX.

"The New Right was dismayed that pragmatism was taking hold in the Reagan White House".[92]

La nueva derecha estaba consternada en cuanto a que el pragmatismo se está afianzando en la Casa Blanca de Reagan".

---

[89] David Hoffman, *The my topology of Reagan a record,* Washington Post, November 2, 1984.
[90]*Idem.*
[91] B. Drummond Jr Ayres, *Conservatives Bill Reagan cut more*", New York Times, January 22, 1983.
[92] Abraham Larry, *Teoría de la conspiración,* p. 214.

Pero ¿qué se entiende por pragmatismo? Una carencia total de principios y una inercia hacia la acumulación de capital en cantidades mega industriales, con la única lógica del **expansionismo norteamericano.** Y para ello la CFR y la **Comisión Trilateral** asumieron la posición más poderosa del mundo.

La política del neoliberalismo, derivaba en una política de estímulos para los más favorecidos llamada: ofertismo, combinada con monetarismo, es decir, emisión de moneda sin respaldo en oro.

El neoliberalismo es pragmatismo aplicado a la economía: **máximo de beneficios mínimo de costos.**

George H. W. Bush

George Bush miembro de la Comisión Trilateral desde 1979, subió al poder presidencial tras la renuncia de Reagan en su segundo mandato en 1989. Dentro de su periodo de gobierno y en colaboración con los países aliados, expulsó al ejército iraquí de Kuwait y declaró la guerra del Golfo Pérsico en 1990 para apoderarse de las reservas petroleras estratégicas y controlar la región. Desde hace treinta años, Unión soviética y Estados Unidos habían construido carreteras para bajar el petróleo de Turkestán, y Azbekistan, a través de Afganistán, hacia el Sudeste Asiático sitio elegido para la manufactura a gran escala; Corea y Vietnam

William Clinton

William Clinton (1946-) fue presidente de Estados Unidos de 1993 al 2000. Durante su administración se consolidó el *Tratado de Libre Comercio* (TLC por sus siglas en español o NAFTA por sus siglas en inglés) entre Canadá-Estados Unidos-México. La economía del país mejoró, y el desempleo y la deuda nacional disminuyeron. México no tenía la menor idea de cuál iba a ser su beneficio, el embajador de Estados Unidos tenía una clara idea de su ganancia con números.

El Tratado de Libre Comercio (TLC) y su política neoliberal ha disminuido empleos a México según Noam Chomski, en su conferencia, Política Exterior de Estados Unidos.

George Bush II

Durante su gestión se reforzó al unilateralismo de la Casa Blanca y un 11 de septiembre del 2001, las torres gemelas del World Trade Center fueron destruidas. Millones de espectadores televisivos contemplaron el espectáculo adhiriéndolo desde ese momento, al Imaginario Simbólico Anglo-Norteamericano global.

En la Revista Newsweek, apareció que el atentado había sido planeado dos años antes en Yemen, por la CIA, el FBI y el grupo Al-Qaeda. Estados Unidos acusa rápidamente a Afganistán y lo invade, apropiándose de un país productor de opio, el 87% del opio mundial es aportado por Afganistán, y tránsito del petróleo de los países de la ex Unión Soviética. Afganistán es un país que sirve para drenar petróleo de Turkestán y Uzbekistán. Estados Unidos y la Unión Soviética, hace cuarenta años, construyeron una carretera que atraviesa Afganistán para bajar el petróleo y facilitar el tránsito del opio. Atacaron Kandahar y Mazare-Sharil y minaron el territorio, atacaron al grupo Al-Qaeda y derrocaron al gobierno Talibán de Afganistán, solamente con ayuda de Inglaterra y España.[93]

El cálculo de las consecuencias en la acción: posesionarse de Afganistán le sirve para drenar el petróleo de los países de la ex Unión Soviética y controlar la red internacional de opio.

Con todo ello, el expansionismo norteamericano define sus objetivos para la distribución de la producción global. Bush desata su cólera sobre la población afgana, pues se trata de un punto estratégico de su **last frontier**.

Más tarde en el 2003, Bush invade Irak con el pretexto de que posee armas de destrucción masiva (químicas y biológicas) y con la obsesión de derrocar a Saddam Hussein. La verdadera razón de la invasión a Afganistán e Irak fue con el propósito de que Estados Unidos y sus aliados tengan mayor hegemonía en el mundo árabe del Medio Oriente y mayor acceso a las riquezas petroleras y minerales de la región, conservando así la superioridad anglo norteamericana en la zona. Buscó el posicionamiento hegemónico, pues se sabe que quien controla el petróleo controla al mundo; como antes afirmaba Bacon en 1560, "quien controla los mares, controla el mundo". Pero en específico con esta Real Politik se buscaba, en EL CÁLCULO DE UTILIDADES.

1° Rodear a Israel de una corona de monarquías amigables a los judíos.

2° Controlar la zona estratégica.

3° Controlar las reservas petroleras.

4° Demostrar su hegemonía en una estructura multipolar.

La *Operación Quirúrgica Militar* que se inicia con la toma de la ciudad petrolera de Basora, termina con una operación financiera en la que Estados Unidos invirtió 30,000 o 40,000 millones y el Reino Unido 5,000 millones, aproximadamente.

---

[93] Karl Vance, *asesor electorero de Bush y Felipe Calderón, tras bambalina*, La Jornada, México, 6 agosto 2006, p. 22.

Según noticias de la prensa internacional, un niño iraquí quedó despedazado por una bomba, lo dejó sin brazos y con severas quemaduras en casi todo el cuerpo. También lo dejó sin hermanos. ¿Esa es la manera en que Estados Unidos quiere liberar al mundo? ¡Ni una montaña soportaría ese dolor! Este es el verdadero rostro del liberalismo. Al final de las operaciones habrían muerto 4, 500 soldados norteamericanos y 100, 000 civiles militares de Irak.

Irónicamente aquí en México el ex secretario de Relaciones Exteriores, Dr. Jorge Castañeda, en conferencia pública televisiva afirmaba que la guerra de Irak había sido un éxito, debido a que en un mínimo de tiempo y un mínimo de pérdidas de militares norteamericanos, Estados Unidos había ganado la guerra. Política pragmática o Real Politik.

3.8 El nuevo pragmatismo norteamericano en relaciones exteriores ¿Hegemonía o multipolarismo?

El desmembramiento de la Unión Soviética en 1991 condujo a Estados Unidos hacia la hegemonía global; de ser una estructura bipolar pasó a ser una estructura hegemónica. Sin embargo, China y Rusia le recuerdan a Estados Unidos que existe una estructura multipolar con hegemonía estadounidense. Este último, trata de expandirse hacia un punto estratégico en su diseño de guerra contra China. China será potencia hegemónica en 30 años según la Universidad de la Singularidad, financiada por la Nasa y Googles. Actualmente, cuenta con un siete por ciento de crecimiento anual.Conferencia sobre la Universidad de la singularidad.

En este contexto se percibe poca consistencia en las relaciones internacionales estadounidenses y ello se debe a que no ha habido ninguna. Se debe a un pragmatismo en las relaciones internacionales, declara el *Business Week*.[94] Hemos visto al presidente George W. Bush abrazar el neoaislacionismo cuando era candidato a la presidencia y su preferencia hacia el **unilateralismo** en su primer año de gobierno, para luego cambiarlo por el **multilateralismo** en el segundo, seguido del **interaccionismo** wilsoniano o imperialismo al estilo Theodore Roosevelt en su tercer año de gobierno.

El neoaislacionismo es la política de **no intervención**. El unilateralismo significa que Bush decidió intervenir bajo el pretexto de que Irak tenía armas nucleares y tenía que encontrar las armas, interviene el multilateralismo, el cual es el proceso mediante el cual se cubre las espaldas con su socio y madre patria Inglaterra, invita a España al negocio.

---

[94] "El nuevo pragmatismo de George W. Bush en relaciones exteriores", en *Nussbaum Business Review*, enero del 2003, p. 38-39.

De acuerdo a los personajes de la caricatura *Pinky y Cerebro* de la cadena Warner Bros, *Pinky* cada noche le pregunta a *Cerebro*:

-*"¿Qué vamos a hacer esta noche, Cerebro?*

A lo que *Cerebro* contesta:

-*"Lo mismo que hacemos todas las noches, Pinky, tratar de conquistar al mundo".*

De este modo estos personajes de caricatura dicen mejor la verdad que el presidente George W. Bush, quien practica el *pragmatismo y protestantismo* en nombre de la defensa del *liberalismo* provocando el *genocidio* en nombre de la economía y de la hegemonía política. *"Primero la economía, luego la ecología", contestaba* Bush tras negarse a firmar los acuerdos de Kyoto sobre el calentamiento global.

3.8.1 El proyecto Obama

"Cuando el presidente Barack Obama acudió a la Quinta Cumbre de las Américas en Trinidad y Tobago, pudo constatar que la influencia de Estados Unidos disminuyó de manera significativa".[95]

En Estados Unidos cada preso produce 6 hectáreas, los latinoamericanos serán encarcelados por el color de su piel y la falta de documentos que el gobierno de Estados Unidos no está dispuesto a darles.

Los latinoamericanos encarcelados generarían millones de dólares gratis al imperio norteamericano, esto es: **neo-esclavismo y neo-darwinismo**. Política ultraconservadora.

La política migratoria de Obama radica en haber colocado el mayor número de militares en la frontera con México, haber levantado un muro gigantesco, enviando helicópteros dirigidos por robots y haber disminuido el flujo migratorio desde América Latina.

La muerte de Osama Bin Laden en Afganistán y la muerte de Kadafi en Libia son demostraciones del expansionismo norteamericano que se expresa en la teoría de *Our last frontie*r: Nuestra última frontera. El objetivo es apropiarse del petróleo de la región, la sangre del capitalismo

El mismo Morgenthau exhibe un modelo pragmático, utilitarista y empirista como lo señala la elaboración de la política económica. La cual obedece a un mínimo de riesgos, y un máximo de utilidades. **Una política es correcta por sus consecuencias prácticas**. Así según el pragmatismo, el expansionismo norteamericano, disfrazado de neutralidad

---

[95]Jesús Esquivel, "México-Estados Unidos, hacia la militarización de la frontera"enRevista*Proceso*, 12 de abril de 2009, México, 1693, p. 6.

ideológica, de espera paciente o bien de Política de Seguridad Nacional o Continental, es correcto debido a las consecuencias en su política exterior.

Su pragmatismo se expresa en la elaboración de justificar la política expansionista, produciendo una explicación y "justificación" de cada acto de agresión, planteándolo como un acto de legítima defensa de la seguridad nacional.

> *La guerra de 1812 fue un acto defensivo justificado por los atentados ingleses contra marinos norteamericanos; las incontables guerras contra los indios, actos de legítima defensa frente a sus tropelías y falta de respeto a los tratados; la guerra en México inevitable, como dijo el secretario de Estado Buchanan, para hacer de ese, un país civilizado; la guerra con España, la provocó ésta, y hubo que hacerla para vengar el hundimiento del Maine. Luego, participamos en dos guerras mundiales a favor de la democracia para salvar al mundo de Hitler. Y por último de acuerdo con las palabras de Harry Truman y Lyndon Johnson, Estados Unidos peleó en Corea y en Vietnam para defender de la agresión comunista a dos países pequeños y desamparados [...].[96]*

En el discurso actual a veces el mal es atribuido a los hispanos ya que simbolizan la tiranía, el fanatismo, la superstición y el sadismo, o el mal está encarnado en los ilegales cuya fuerza de trabajo ha producido y beneficiado al gran capital, sin embargo los tienen marginados, satanizados, en la sombra y muertos de pánico de que los vayan a arrestar, a desemplear, a deportar o a separarlos de su familia. Como aparece en la Ley Arizona.

---

[96] Lens Sydney, *Forjando el imperio americano,* Edit. Thomas Y. Crowell Co., New York, 1995, p. 35.

IV. PRAGMATISMO Y NUEVO ORDEN INTERNACIONAL

4.1 El sueño de la globalización

"Después de cada gran guerra buscamos un nuevo Orden Internacional"
(AngloNorth American Establishment)

"Juego limpio y cálculo para maximizar ganancias y minimizar pérdidas"
(Orozco, José Luis, El Siglo del Pragmatismo político, Fontamara, p. 27)

Este capítulo pretende explicar el Nuevo Orden Internacional y su relación con el pragmatismo.

> One wintry afternoon in February 1891, three men were engaged in earnest conversation in London. From that conversation were to flair consequences of the greatest importance to the British Empire and to the world as a whole. For these man were organizing a secret society that was, for more than fifty years to be one of the most important forces in the formulation and execution or British imperial and foreign policy.[97]

> *Una tarde de invierno en febrero de 1891, tres hombres participaron en una animada conversación en Londres. De esa conversación surgieron las consecuencias de mayor importancia para el Imperio Británico y para el mundo como un todo. Estos hombres estaban organizando una sociedad secreta que fue, durante más de cincuenta años, una de las fuerzas más importantes en la formulación y ejecución del imperio británico y de la política exterior.*

Cecil Rhodes, constructor del imperio, y la persona más importante de Sudáfrica causó la Guerra de los Boer de 1899 a 1902 y creó la Unión de Sudáfrica de 1906 a 1910. Este grupo controlaba las universidades de Oxford y Cambridge. Las cátedras de Ley Internacional, Historia Moderna, Historia Económica, Teoría Social y Política, Historia de la Guerra, Economía, Política, Literatura Francesa, Antropología Social.

Mantenían posiciones de autoridad en puestos públicos: influenció en la Primera Guerra Mundial, diseñó la Comunidad de Naciones, tenían amigos en Kenya, Transvaal, India, Canadá, Holanda, Egipto, Chipre, China, Burma.

---

[97] Carroll Quigley, *The Anglo North American Establisment*, Book In Focus, New York, 1981, p. 3.

Milner, in his distaste for party politics and for the parliamentary system, and his emphasis on administration for social welfare, national unity, and imperial federation.[98]

"Milner, en su disgusto por la política partidaria y por el sistema parlamentario; su énfasis en la administración para el bienestar social, unidad nacional y federación imperial".

Milner fundó la Liga de las Naciones, fue director y administrador. El grupo de Milner fue llamado el Kindergarden de Milner.

Woodward fue un miembro del Consejo del Royal Institute of International Affaires en 1930, escribió la Historia de Inglaterra en Oxford. El consejo de Relaciones Exteriores fue fundado en Estados Unidos. El grupo de Milner inició la revista "The Times".

El kindergarden de Milner sirvió en Afganistán, Sudan y Burma, Hong Kong, Nigeria, Transvaal, Johannesburgo, por otra parte controlaba India y Arabia, Nueva Zelanda y Australia. Su política consistió en apoyo a la guerra de los Boer, en la alianza japonesa y el Acuerdo cordial con Rusia en 1907; la Reforma en India y la resistencia contra Alemania.

Este grupo de élite generó condiciones para la Primera Guerra Mundial.

> This is what was done by the times. Even today, the official historian of *The Times*, is unable to see that the policy of that paper was anti German from 1895 – 1914 and as such contributed to the worsening of Anglo German relations and thus to the First World War.[99]

> *Incluso hoy en día el historiador oficial de "The Times" incapaz de ver que la política de ese documento era antialemana (1895 – 1914), dicho documento contribuyó al empeoramiento de las relaciones entre anglos y alemanes hasta llegar a la Primera Guerra Mundial.*

La guerra de los Boers alentó a Alemania para armarse, su objetivo era formar un gran esquema para organizar la totalidad del mundo.

La meta de la Comunidad de las Naciones era uno para todos y todos para uno; según el grupo estaba basado en una sincera creencia en la libertad del poder civilizado de Gran Bretaña. El imperio Británico debería morir para nacer de nuevo, para esparcir la libertad, fraternidad y justicia en la COMUNIDAD DE NACIONES. (COMMONWEALTH OF NATIONS).

---

[98]*Ibid,* p. 85.
[99]*Ibid,* p. 115.

La idea era generar negocios en Escocia, Inglaterra, Irlanda, Gales para subordinarlos al Reino Unido. El imperio Británico se concebía como extensión de la libertad y el autogobierno de toda Europa, la creencia en la supremacía de la ley, la búsqueda del auto interés y el beneficio material o utilidad y el sentido del deber. Creían en la realización moral del hombre sobre los fundamentos de la libertad y la ley. Estas ideas llevaron a la COMMONWEALTH y a la formación de la LIGA DE LAS NACIONES.

El grupo de Milner gobernaba la Casa de los Lores y el Partido Laboral de 1915 a 1920 organizaron el ataque al comercio alemán en 1914.

The Milner group on the other hand, was eager to get rid of the Kaiser, the Prussian officers corps and even the Junker landlords but once Germany, was defeated, their feeling of animosity against her (which had waxed strong since before 1896) vanished. By 1919 they began to think in terms of balance of power and of the reed to reconstruction Germany against the dangers of Bolshevism on hand and of French militarism on the other, and they felt that if Germany, were made democratic and the treated in a friendly fashion she could incorporated in to the British".[100]

Por el contrario el grupo de Milner estaba ansioso por deshacerse del Kaiser, de los cuerpos de oficiales prusianos e incluso de los terratenientes Junker; una vez que Alemania fue derrotada, el sentimiento de animosidad en su contra (que se había fortalecido desde antes de 1896) se desvaneció. En 1919 se comenzó a pensar en términos de equilibrio de poder y de la necesidad de la reconstrucción de Alemania contra los peligros del bolchevismo por un lado y del militarismo francés por otro; en caso de que Alemania, se hiciera democrática y el tratado fuera amistoso, ésta podría incorporarse a los británicos.

El patrón Británico debería ser extendido a India. Gran Bretaña hacía un esfuerzo para darle a India un gobierno responsable más que un autogobierno. El esfuerzo fue frustrado por Gandhi.

El grupo Milner lo nominó para el puesto de Canciller de la Universidad de Oxford, Gran Bretaña esperaba de la India el peso de la responsabilidad y la dulzura de la gratitud.

El grupo actuó contra los Boers, contra India y contra Hitler. Gran Bretaña logró un estatus de igualdad y responsabilidad.

To the English conception, dominion status now connotes as indeed the world itself implies, an achieved constitutional position of complete freedom and community from interference by His Majesty's government in London.

---

[100]*Ibid*, p. 146.

"Para la visión inglesa, el estado de dominio ahora implica una posición constitucional alcanzada de completa libertad y comunidad a partir de la interferencia por parte del gobierno de Su Majestad en Londres".[101]

El ataque fue conducido por Winston Churchill.

El movimiento nacionalista fue esencialmente saludable, fue un movimiento de virtud política y auto respeto. El Congreso se negó a obedecer a India a menos que se retirara el grupo Milner con las ideas de amor a la libertad, a los derechos humanos, a las garantías individuales y a la responsabilidad.

> *They always insisted that the basic unity of any system must rest on common ideology and they worked in this direction through the Rhodes Scholarship, The Round Table group and the Institute of International Affaires, even when they were most ardently seeking to create organized constitutional relationships.*[102]

> Insistieron siempre en que la unidad básica de cualquier sistema debe basarse en la ideología común, por ello trabajaron en esta dirección a través de la beca de Rhodes, El grupo de la Mesa Redonda y del Instituto de Relaciones Internacionales, aun cuando buscaron más ardientemente crear relaciones constitucionales organizadas.

Esta ideología común está sustentada sobre el Empirismo, el Utilitarismo, el Protestantismo, el Darwinismo y el Pragmatismo.

El grupo Milner favoreció la inserción del grupo judío en Palestina, lo cual generó malestar en el área.

That country for a considerable immigrant population without injuring in any way the resident Arab population and indeed in many was it would tend to their extreme benefit.[103]

"Ese país con una población inmigrante considerable, debía evitar dañara la población árabe residente, lo cual tendería a su beneficio extremo".

Asimismo, reprimieron la demanda de autogobierno de los irlandeses.

El Instituto Real de Asuntos Internacionales (RIIA) no es nada sin el grupo militar que controla: La armada Británica, la Liga de las Naciones, el Banco de Inglaterra, el British América Tobaco, la compañía Minera de Sudáfrica, White Halls Security Corp. Morgan

---

[101]*Ibid*, p. 150.
[102]*Idem.*
[103]*Ibid*, p. 172.

Trust. Westminster Bank, Rothschild, Reuter, Lloyd & Lloyd Corporation, Ford Motors Company.

Dominan las cátedras de Economía Internacional, Historia Económica en Oxford, Cambridge y Harvard. Fundan la Liga de las Naciones y las cátedras de:

- Economía Internacional. Se trata de promover buenas relaciones entre Estados Unidos y Gran Bretaña.
- Su influencia en India fue a través del profesor Radakrishna, profesor de Ética y Religiones Orientales en Oxford.
- Ejercen una fuerte influencia en la Escuela de Estudios Internacionales, Economía y Política en la London School, la Universidad de Gales, Oxford y Cambridge, Representantes de catorce países escriben sobre la Teoría de Seguridad.

> On the contrary, it was generally used with the best intention in the world even if those intentions were do idealistic as to be almost academic. The picture is terrifying because such power, the goals at which it may be directed. No country that values its safety should allowed what the Milner group accomplished in Britain that is, that small of men should be to wield such power in administration and politics, should be given almost complete control over the publication of the documents relation to their actions, should be able to exercise such influence over the avenues of information that create public opinion and should be able to monopolize so completely the writing and teaching of the history of their own period.[104]

> *Por otra parte esta influencia, se utiliza generalmente con la mejor intención, aun cuando ésta se hace idealista al grado de ser casi académica. El panorama es aterrador, debido a la dirección que toman el poder y los objetivos al que está dirigido. Ningún país que se valore debe permitirlo que el grupo de Milner llevó a cabo en Gran Bretaña, es decir, que hasta el más pequeño de los hombres va a ejercer dicho poder en la administración y la política al tener un control casi total sobre la publicación de documentos en relación a sus acciones, influencia sobre las vías de información que crean la opinión pública y monopolio completo de la escritura y la enseñanza de la historia de su propia época.*

El Imperio Norteamericano y Británico, Francia, India, Australia, Nueva Zelanda y Palestina ejercen una gran CONCENTRACIÓN DEL PODER y un gran DOMINIO DEL CAPITAL, por lo cual, son excesivamente ambiciosos yególatras. Poseen formas elitistas

---

[104]*Ibid*, p. 150.

de la ciencia y la tecnología, se dejaron llevar al sometimiento, a la guerra, a la destrucción, a la violencia.

Esta concentración necesita la guerra como forma de expandir y consolidar el proyecto expansionista que no anclaba con criterios humanistas. El proceso civilizatorio necesitaba la guerra, la violencia como forma de supervivencia del COMMONWEALTH, de la Comunidad de Naciones, rumbo al proceso de mundialización o globalización.

"Britain in March 1936, accepted remilitarization of the Rhineland", Hitler regresó sus tropas, Gran Bretaña consideró a Alemania como un retén contra el comunismo soviético. Implementaron un Nuevo Orden Mundial.

"The German rulers assumed that the willingness of the British government to accept the liquidation of Austria, Checoslovaquia and Poland, implied the British government would never go to war to present this liquidation".[105]

Los gobernantes alemanes asumieron que la voluntad del gobierno británico de aceptarla liquidación de Austria, Checoslovaquia y Polonia, lo que implicaba que éste nunca iría a la guerra para presentar dicha liquidación.

Alemania quería restaurar sus colonias en África antes de 1914.

Las Naciones de la COMMONWEALTH deben trabajar juntas, especialmente los Estados Unidos. Alemania siempre fue el centro del problema mundial por ser potencia continental. La Comunidad de Naciones podría ser una Federación siguiendo el modelo de Estados Unidos. La Comunidad de Naciones podría incluir India, Egipto, Holanda, Bélgica, Países escandinavos, Francia, Canadá, Estados Unidos e Irlanda.

Gran Bretaña apoyó a Alemania, contra Checoslovaquia y resistió a Rusia y Francia; Gran Bretaña permitió el rearme de Alemania y no intervino en la destrucción de Polonia, Austria y Checoslovaquia, Gran Bretaña negoció con Rusia para limitar a Alemania. Los industriales de Gran Bretaña y Alemania podrían arreglar precios y dividir el mercado mundial.

Rusia presionó a Finlandia para resistir un ataque alemán. Los británicos y los franceses, presionaron a Suecia para encontrar una acción para ayudar a los finlandeses. Los aliados protestaron contra cualquier ataque a Finlandia de parte de Rusia o de Alemania.

En la Segunda Guerra Mundial, Gran Bretaña jugó un plan considerable.

El grupo había diseñado una política exterior desde 1920 con la esperanza de mayor unión con los Estados Unidos y ellos se daban cuenta que la intervención norteamericana era imprescindible para la victoria Británica.

---

[105] *Ibid,* p. 275.

Por ejemplo: el ministro británico Harold Blater, tuvo una misión en la marina mercante, estudió en Oxford, fue ministro británico en Moscú e impartió cátedra en Harvard, estuvo en el servicio diplomático en Londres, Washington y Oslo; fue ministro de África Occidental y Secretario de Guerra en la administración de Hoover, representando a la Comisión de Alimentos y Agricultura en Estados Unidos. Controlaba las minas de Nigeria, el monopolio alemán de metales ligeros, la manufactura del cemento británico y la federación del cemento. Fue miembro de All Souls e impartió las cátedras de Historia en Edimburgo y de relaciones internacionales. Y para terminar fue ministro de Educación. Hombre que unía la teoría y la acción, internacionalmente.

El Modelo empirista utilitarista y pragmático es la arquitectura conceptual del expansionismo anglonorteamericano. En los Estados Unidos, cada nueva administración sin importar que sea demócrata o republicana, sigue los mismos modelos económicos y políticos de las administraciones anteriores.

La historia de los Estados Unidos de Norteamérica o del expansionismo norteamericano ha sido producto de la política pragmática que ha dado forma a la política interior o exterior norteamericana; realismo político de Hans Morgenthau: MÁXIMO DE BENEFICIO MINÍMO DE RIESGO.

La teoría de la conspiración afirma que la política exterior e interior norteamericana ha sido diseñada por el *establishment* con planes concebidos con genialidad pragmática.

> "La teoría de la historia de la conspiración afirma nada menos que la creación de un sistema mundial de control financiero en manos privadas, capaz de dominar el sistema político de cada país y la economía del mundo en su totalidad. Es decir, este grupo que aspira a tanto poder, quiere gobernar y controlar al mundo. Todavía hay más, ellos quieren el control total de cada acción individual".[106]

Las libertades individuales y de selección serán controladas dentro de alternativas muy estrechas, ya que al individuo se le asignará un número desde su nacimiento, en seguida un número durante su educación escolar, otro número en su servicio militar o servicio público requerido, otro número por sus contribuciones fiscales, otro número para su servicio médico y de salud y finalmente un número para su beneficio de jubilación y muerte. Así como Heidegger explica en su obra *"Ser y Tiempo"*.

El *Establishment* desea lo mismo que Pinky y Cerebro: tratar de conquistar al mundo; tanto sus recursos naturales, industriales, financieros, administrativos y gubernamentales.

Esta sociedad opera de un modo extremadamente eficiente al menos en sus más altas dirigencias. Hace uso de todo medio a su disposición ya sea científico, técnico, social o económico, hasta Dios, es una hipótesis útil para la felicidad humana, según William

---

[106] Abraham Larry, *Teoría de la conspiración*, p. 22.

James: sigue a la perfección una estrategia bien planeada, tiene casi la más completa libertad y dominio en la organización internacional, círculos financieros, el campo de las comunicaciones globales, la prensa, el cine, la radio y la televisión.

Los finales de 1991 y comienzos de 1992 marcaron el final de la guerra fría y el inicio de una nueva etapa en el proceso de evolución del Orden Económico Internacional que regula las relaciones económicas Internacionales entre los diferentes países y grupos de países del mundo. El cambio respecto al anterior ordenamiento es más cuantitativo que cualitativo. La desaparición del sistema socialista de Europa Oriental y la disolución de la URSS dan origen a esta nueva etapa.

Prácticamente desde la finalización de la Segunda Guerra Mundial, las relaciones económicas internacionales habían estado marcadas por la existencia de tres grandes bloques de países que en su consecuencia del doble conflicto de intereses económicos y políticos. A nivel general se destacaban las relaciones conflictivas Este-Oeste con sistemas económicos y políticos diferentes y relaciones asimétricas Norte-Sur entre países por distinto nivel de desarrollo económico.

A nivel de conflicto Norte-Sur, en el Norte se encontraban los países occidentales de economía de mercado y los países desarrollados de economía planificada, mientras tanto el Sur el bloque era con el correr de los año una vez más heterogéneo, conformado por países en vía de desarrollo de economía de mercado y de economía planificada.

La Banca Internacional inicia la Diplomacia del Dólar. Los banqueros internacionales se propusieron como meta, nada menos que el control del mundo a través de las finanzas. El Estado obtiene dinero de los BONOS DEL AHORRO NACIONAL y de los BANCOS INTERNACIONALES.

El sistema global actual de la Organización Económica Internacional se basa esencialmente en el conjunto de organismos que fueron creados a finales de la Segunda Guerra Mundial y que se fueron configurando durante la etapa de la guerra fría (oeste-este) y el proceso de Independencia de las antiguas Colonias.

En este mundo las posiciones del Fondo Monetario Internacional (FMI), Banco Mundial (BIRD) y Acuerdo General sobre Aranceles Aduaneros y Comercio (GATT) respondían a la cobertura de campos de relación muy específicos a necesidades de la época.

"Si el rey o gobernador se salen de la línea fijada, el banquero puede financiar a su rival o enemigo. Entonces si quieres sostenerte en el muy lucrativo negocio de financiar presidentes y reyes, es sabio tener y conocer a un rival o rivales que estén a tu lado para que derroquen a cada rey o presidente a quienes le has prestado dinero. Si el rey o presidente no tiene un enemigo, debes crearlo".[107]

---

[107]*Ibid,* p. 24.

En el pasado cada una de las guerras en Europa durante el siglo XIX acaba con el establecimiento de un balance de potencias, Europa Central, quedó dividida en Polonia; Checoslovaquia y la Confederación del Rhin. Polonia fue dividida en tres y desaparecida por el Imperio Austriaco, Ruso y Alemán.

Hasta la Primera Guerra Mundial, Francia, Reino Unido, Bélgica y los Países Bajos eran los principales inversionistas en el extranjero. Luego de la Segunda Guerra Mundial los Estados Unidos se convierten en el principal país inversionista en el extranjero, mientras el Reino Unido se mantiene como uno de los principales.

Durante la guerra civil en los Estados Unidos en 1865, el Norte fue financiado por los Rothschild a través de su agente en los Estados Unidos, August Belmont y el Sur fue financiado también por los Rothschild por su pariente Erlangers.

"Lincoln en un discurso pronunciado en el Norte argumentaba en contra de la libertad de los negros, ocho días después en un discurso pronunciado en el SUR, argumentaba a favor de la esclavitud".[108]

> Después de cada reajuste había un balance de poder en una nueva agrupación alrededor de la casa de los Rothschild en Londres, Francia o Austria. Ellos agrupaban a naciones de modo que si cualquier rey se salía de la línea establecida, una guerra decidiría que dirección tomaría el financiamiento.[109]

Estados Unidos necesitaba un BANCO CENTRAL para centralizar el poder y la toma de decisiones, la cual representó el modelo Hamiltoniano de un Estado fuerte y poderoso con control absoluto sobre la banca. El capital financiero de los Rothschild se unió al capital anglosajón del J.P. Morgan y Rockefeller.

Inglaterra y Estados Unidos financiaron a los judíos para crear el conflicto judío-palestino y para probar armas, ahora es un área devastada y continúa siendo un centro de CONFLICTO como Irán y Corea del Norte.

Estados Unidos y los judíos pretenden rodear de monarquías amigables al Estado de Israel para el monopolio del petróleo y la lucha y dominación del Islamismo, desarrollar su economía de guerra y posesionarse como potencia hegemónica.

De todas maneras, mientras que las guerras y las revoluciones han sido útiles para los banqueros internacionales, el ir adquiriendo e incrementando el control sobre gobiernos, la clave de tal control siempre ha sido el control del dinero. Se puede controlar a un gobierno si se le tiene endeudado; el país acreedor está en capacidad de exigir privilegios de monopolio del gobierno o soberano.

---

[108] Richard Hofstadter, *La tradición política norteamericana y los hombres que la formaron*, FCE, México, 1984, p.38.
[109] *Ibid*, 1938, p. 25.

"Los gobiernos necesitados de dinero han concedido los monopolios en la banca del estado, los recursos naturales, concesiones petroleras en el comercio y el transporte. Sin embargo el monopolio que los banqueros internacionales más conocían es el control decisivo del dinero de la nación".[110]

Estados Unidos ha endeudado a México y América Latina para apropiarse de sus recursos naturales. Un verdadero pragmatismo cuidaría el bienestar económico de América Latina como socio comercial natural de los Estados Unidos.

"Aquellos que crean y emiten el dinero y créditos dirigen la política del gobierno y sostienen en sus manos el destino del ciudadano".[111]

Los financieros Morgan y Kuhn Loeb llegaban a acuerdos con resultados altamente benéficos. J. P. Morgan fue educado en Inglaterra y Alemania, banquero que dirigió años el Comité del Congreso de la Banca y las finanzas, representante de los Rothschild, experto en crear pánico financiero desde el siglo XIX.

En 1893 Robert Owen emitió una circular de pánico, de inmediato: Sacarás de circulación a un tercio del dinero circulante y cobrarás a la mitad todos los préstamos.

El historiador Frederick Lewis Allen nos dice en la revista *Life* del papel que tuvo Morgan en la difusión de rumores sobre lo insolvente de Banco Knikerbocker y la Compañía Financiera de América, los cuales provocaron el pánico.

---

[110] Abraham Larry, *Teoría de la conspiración,* p. 24.
[111] *Idem.*

4.2 Realismo político o *Real Politik*

Hans Morgenthau, padre del realismo político, en su libro *Política entre las naciones. La lucha por el poder y la paz,* explica que la práctica internacional se orienta hacia:

1. Obtener poder.

2. Conservar el poder.

3. Demostrar poder.

La tendencia normal de los norteamericanos al reaccionar favorablemente ante la evidencia de una conducta pragmática de parte de su gobierno como de los gobiernos extranjeros, suministra la confirmación de la afinidad entre la característica estadounidense y el pragmatismo como una escuela formal de filosofía. A lo largo de esta discusión, a menos que se indique lo contario, los términos *pragmatismo* y *pragmático* serán utilizados en su connotación filosófica formal significando la conducta que concuerda con los principios principales de la escuela del pensamiento filosófico conocida como pragmatismo.

MÁXIMO DE BENEFICIOS. MÍNIMO DE RIESGOS.

"El presidente de la compañía financiera Oakleigh Thorne, más tarde testificó ante una comisión del Congreso de Estados Unidos que su banco había sido solamente sometido a retiros moderados, que no había solicitado ayuda y que solamente había sido la declaración de los Morgan el puente doloroso que hizo que todos sus clientes corrieran a sacar el dinero de su banco. A partir de este testimonio más las medidas disciplinarias tomadas por la Cámara de Compensación del gobierno en contra de los bancos de Heinze, Morgan y Thomas, más otros fragmentos de evidencia supuestamente pertinente, ciertos periodistas arribaron a la ingeniosa conclusión de que los intereses de Morgan tomaron ventaja de la situación no resuelta en la banca y finanzas en el otoño de 1907 para precipitar el pánico, conduciéndolo astutamente mientras progresaba de modo que eliminara a bancos rivales y consolidara la presencia de los bancos dentro de la órbita de Morgan".[112]

El hombre que jugó un papel más decisivo para crear el BANCO CENTRAL fue PAUL ~~WARBURG, quien junto a~~ su hermano Félix había emigrado de Alemania a Estados

[112] Abraham Larry, *Teoría de la conspiración*, p. 25.

Unidos en 1902. Paul Warburg propuso una reforma bancaria, Aldrich era el corredor de Warburg en el senado, quien se casó con la hija de John Rockefeller hijo.

En 1910, concibieron el SISTEMA DE LA RESERVA FEDERAL.

El partido político republicano tenía conexiones muy cercanas con los banqueros de *Wall Street*. La única esperanza de un banco central era disfrazarla y que los del partido político de los demócratas la pasaran en el Congreso, como una medida para quitarle a *Wall Street* su poderío. Teddy Roosevelt aceptó realizar su campaña a favor del partido político progresista. ROOSEVELT siempre tuvo a los banqueros de Morgan pisándole los talones, suministrando dinero, revisando sus discursos, trayendo gente de *Wall Street*, lo demás era puro ornamento.

De modo similar el candidato demócrata WODROW WILSON también era familiar de Morgan, apoyaba la propuesta de Aldrich sobre la banca central. Wilson prometió un sistema libre de la dominación de *Wall Street*.

El coronel House propuso un impuesto gradual al salario y un banco central. Se trata de un proceso de CENTRALIZACIÓN de la BANCA y la creación de un ESTADO FUERTE y poderoso HAMILTONIANO.

El gobierno invisible del poder del dinero crearía inflación. Henry Cabott Lodge predijo que se hundiría el patrón oro. Paul Warburg subió a la directiva de la Reserva Federal, mientras el Banco Central generaba inflación, recesión, deflación o prosperidad a su arbitrio.

¿Qué tan exitoso ha sido el Sistema de la Reserva Federal de los Estados Unidos?

Desde que Woodrow Wilson tomó su juramento como presidente, la deuda nacional se ha elevado.

La inflación fue creada científicamente.

El acta establece el más gigantesco financiamiento en el mundo, cuando el presidente firme el acta, el gobierno invisible del poder del dinero, legalizado.

La nueva ley creó inflación cuando los financieros decidían inflación.[113]

¿Qué tan poderosa es la Banca Central de los Estados Unidos?

La Reserva Federal de los Estados Unidos controla el suministro de dinero y el porcentaje de los intereses y por lo tanto, manipula a toda la economía y la política como lo hacía en México: Salinas de Gortari, Zedillo, Fox y Calderón.

El gobierno no puede endeudarse a menos que esté dispuesto a ceder parte de su SOBERANÍA como en el caso del FOBAPROA. Robert Nozick, asesor de Ronald Reagan, elaboró una teoría para disminuir el Estado y desmantelar el Estado de Bienestar o Beneficencia, este es el Neoliberalismo. Robert Nozick propuso disminuir el gasto del

---

[113] CONGRESSIONAL RECORD, 22 de diciembre de 1913.

estado, Ronald Reagan disminuyó el gasto social, pero no el gasto militar. En ese momento era la nación más endeudada del planeta en ambos sentidos.

Robert Nozick se pregunta si se puede reducir al Estado al mínimo y propone dejarle como única función la seguridad nacional.

Los fundamentos filosóficos del *establishment* son el pragmatismo, el liberalismo, el darwinismo y el protestantismo.

La lógica del capital obedece al paradigma de la MÁXIMA GANACIA, MÁXIMO BENEFICIO, no posee CRITERIOS HUMANISTAS "PRIMERO LA ECONOMÍA, LUEGO LA ECOLOGÍA", afirmaba George Bush lo cual ha afectado la ECOLOGÍA del planeta provocando CATÁSTROFES como el fenómeno del NIÑO y la OLA DE SRI LANKA, el fenómeno TSUNAMI y el deshielo polar.

"Tengo en mis manos la hegemonía del mundo", afirmaba el gobernador del Banco de Inglaterra.

¿Estados Unidos controla el comercio global? ¿Es un país hegemónico en una estructura MULTIPOLAR?

China amenaza su hegemonía.

"Los banqueros internacionales pensaron en traer esta condición de desesperanza aquí de modo que ellos pudieran surgir por encima de todos nosotros como los únicos dirigentes".[114]

Cuando el dólar por fin se venga completamente abajo, podrás apostar tu último peso a que los internos de las finanzas mundiales estarán sentados sobre las alas de un sistema monetario que dará la sentencia a muerte de todas las monedas de los países del mundo, incluyendo el dólar de los Estados Unidos ¿Será esta moneda la moneda china?[115] ¿Ha sido una táctica de Estados Unidos, bajar el dólar para propiciar que los productos norteamericanos sean más baratos a menor costo que los productos europeos?¿O la baja del dólar representa la baja de la economía norteamericana frente al mercado común asiático? ¿La economía asiática?

Si tenemos una Banca Central que sobrepasa los límites e intereses de Estados Unidos, entonces tenemos un capital global, un gobierno global y un poder militar global.

"¿Qué vas a hacer mañana? Lo mismo que ayer: ¡Tratar de dominar al mundo!" *Cartoon Network*, emisión televisiva.[116]

---

[114] Louis Mc Fadden, *On the federal reserve corporation*, remark to congress, Forum publication, Company, Boston, 1934, p. 89.
[115] Abraham Larry, *Teoría de la conspiración*, p. 35.
[116] *Cartoon Network*, emisión televisiva, Warner Bros.

La integración de Europa y Europa Central con una moneda ÚNICA con un valor superior al dólar, puede pretender una superioridad de la COMUNIDAD EUROPEA frente al Tratado de Libre Comercio, no obstante Europa es militarmente inferior al poderío norteamericano y se siente impotente, actualmente está en crisis financiera.

¿Es Irak un país donde se dirimía el poder, el valor del petróleo, en EUROS o en DÓLARES? Hillary Clinton ha amenazado a Irán por su armamento nuclear. También Corea del Norte ha sido amenazada por Estados Unidos. Rusia aparece para proteger a Irán de la invasión norteamericana. El conflicto se transfiere a Siria. Estados Unidos envió dos misiles que Putin rebotó y los arrojó al mar.

Quien controla esa región, ¿controla el petróleo global?

Estados Unidos y los judíos buscan una corona de democracias occidentales amigables a Israel y puntos estratégicos para apuntar misiles hacia China. POTENCIAS AMIGAS Y RIVALES.

"Si deseas establecer monopolios nacionales tendrás que controlar gobiernos nacionales".

"Si deseas establecer monopolios o carteles internacionales tendrás que controlar a un gobierno global".[117]

La idea de la globalización supone trascender el gobierno local.

Los anteriores y otros hechos de la vida económica suponen no sólo un cambio en la economía internacional sino la base de un fenómeno de largo alcance que hoy se manifiesta con una intensidad mayor que antes: la mundialización o globalización de los mercados que simultáneamente es causa y efecto del fenómeno universal de la internacionalización de las empresas.

La globalización de la vida económica afecta a las empresas de manera directa.

En primer lugar les abre nuevas oportunidades de expansión en el exterior. La creciente presencia de las empresas extranjeras en mercados locales, vía exportaciones o inversión directa son un reto a las empresas locales que conlleva mayor rivalidad, incentiva la competencia en precios y presiona de manera constante la mejora en la calidad de los productos.

También afecta a los gobiernos ya que les imponen restricciones cada vez mayores a la hora de diseñar sus políticas económicas. Igualmente la globalización de los mercados incide también en la sociedad civil, y el cambio social y cultural que la internacionalización supone es enorme.

No es este un fenómeno nuevo, pues los negocios internacionales han existido desde hace siglos con períodos de gran auge, sin embargo lo característico de la época actual es la rapidez e intensidad con que este fenómeno se está expandiendo.

La explicación del crecimiento de la inversión directa, puede concentrarse en tres grandes causas: el crecimiento de la economía mundial en la década de los 80´s, a la aparición de

---

[117] Abraham Larry, *Teoría de la conspiración*, p. 150.

nuevos instrumentos financieros para colocación de capitales a largo plazo, y la eclosión de los servicios en las economías industriales.

La existencia conjunta del fraccionamiento nacional y de la homogenización multinacional, son la base de la dinámica multidimensional de la internacionalización. Sin embargo, la economía mundial no puede concebirse como una suma de estados y de multinacionales, está en proceso de formación que deberá desembocar en una nueva realidad aún no previsible.

"La internacionalización del capital y la constitución al mismo tiempo del sistema económico mundial".

El proceso ha sido tan acelerado que empieza hoy a resultar más significativa la producción en el extranjero que el intercambio comercial. Así empresas como NESTLE, MICHELIN, IBM, BAYER, UNILEVER, etc., realizan más de la mitad de sus negocios con sus filiales industriales en el exterior. En un país como Estados Unidos las filiales aseguran el 15% de la producción industrial lo que corresponde al 80% de las importaciones americanas de mercancías.

Este es el sueño anhelado de por vida del magnate del oro y los diamantes Cecil Rhodes para conseguir un NUEVO ORDEN GLOBAL.

"El simple deseo de Rhodes era el gobierno del mundo. En el primer testamento, Rhodes declara su propósito más específicamente. La extensión del gobierno inglés en todo el mundo... la fundación de un poder tan grande de modo que consiga para siempre hacer la guerra imposible y promover los intereses de la humanidad".[118]

¿Y quién será el eje, el centro del sistema económico mundial? El gobierno global.

Cecil Rhodes fundó una sociedad secreta en 1890. La sociedad secreta fue organizada bajo el patrón conspiratorio de círculos dentro de otros círculos.

¿El imperialismo anglosajón controla la hegemonía del planeta? ¿China entrará en la competencia por la hegemonía?

¿Propiciaron la Primera y la Segunda Guerra Mundial para fomentar un gobierno internacional?

---

[118]*Ibid,* p. 55.

Las Naciones Unidas fueron presentadas como una organización de la paz, en lugar de ser presentada solamente como la fachada que esconde las actividades de banqueros internacionales y el gobierno global, con reuniones en Teherán, Postdam y Yalta.[119]

Wodrow Wilson se dirigió a Europa con el deseo de impulsar un GOBIERNO GLOBAL. La idea básica era utilizar a los partidos demócratas y republicanos como instrumentos para promover un gobierno global. Kissinger fue el hombre más importante en la administración global.

En la casa de Rockefeller en Woodstock Vermont, Estados Unidos, se dio la Conferencia Internacional de Paz para el cambio de función de la política de Estados Unidos en el mundo y la formación de un GOBIERNO GLOBAL.

La economía actual es esencialmente internacional y cada vez lo será más. No pasa un día sin que los empresarios perciban una fuerte dosis de internacionalismo: la competencia extranjera se intensifica; las presiones para salir a otros mercados aumentan, acontecimientos políticos y económicos se presentan atropelladamente, etc.

El nuevo modelo parte de enfocar la producción hacia el mercado internacional mediante las exportaciones. Se trata de precisar que puede ofrecer el país con calidad y eficiencia de categoría mundial, dirigiendo hacia allí mismo los máximos esfuerzos, y dejando que otros países produzcan aquellos bienes para los que están mejor dotados.

El Expansionismo norteamericano se muestra en el siguiente hecho: Henry Kissinger viajó a Pekín China, para que ésta fuese aceptada como uno de los miembros de las naciones de intercambio comercial de lo cual surgió una crisis financiera donde el dólar estadounidense se devaluó para hacer competitiva la producción chino norteamericana. China apareció como socio comercial, China ofreció producir y consumir mercancías chino-norteamericanas.

La comisión trilateral fundada por David Rockefeller en 1973, se ha establecido como el INSTRUMENTO DE LA CONSPIRACIÓN, con la participación de los bancos:

Chase Manhattan Bank.

City Bank.

Morgan Guaranty Trust.

Carnegie Fundation.

Rockefeller Fundation.

El gobierno actual de Estados Unidos pretende, en un sentido importante, apropiarse del mundo entero, si se define "apropiarse" como la utilización del control absoluto o la hegemonía en una estructura MULTIPOLAR.

---

[119]*Ibid*, p. 58.

¿De qué otra manera podemos interpretar su tendencia a tomarse la libertad para atacar a voluntad a quien quiera, cuando quiera? ¿Si decide que es apropiado hacerlo? Léase la guerra de Corea, Vietnam, Afganistán, Irak, Libia, Siria y probablemente Irán y Corea. ¿O su constante reiteración de que su "guerra al terrorismo" será ilimitada y que su terminación no es previsible? ¿Su rechazo a la jurisdicción de las cortes internacionales? ¿Su repudio de un tratado sobre el calentamiento global, por muy benigno e ineficaz que pueda ser, etc... Todas estas afirmaciones y pretensiones las hace un gobierno que de hecho domina las instituciones financieras principales del mundo, incluyendo el Fondo Monetario Internacional y el Banco Mundial, un país cuyos gastos militares en el presente serán equivalentes o acaso superarán a los de todos los demás países del mundo juntos?[120]

En el Nuevo Orden Internacional y *la creación del establishment*, el principal problema es cómo organizar un gobierno global.

El coronel House convocó al partido demócrata y al partido republicano como instrumentos para promover un gobierno global. En 1919, se reunió con ciudadanos ingleses, estadounidenses y demás países europeos. La organización de la Mesa Redonda en Inglaterra surgió de Cecil Rhodes y su propuesta de conseguir un "Nuevo orden internacional".

El simple deseo de Rhodes era el gobierno del mundo. En 1890, Cecil Rhodes tenía un sueldo personal de un millón de libras. *Su propósito era la extensión del gobierno inglés en todo el mundo, la fundación de un poder tan grande de modo que consiguiera para siempre hacer la guerra imposible y promover los intereses de un grupo social consolidado llamado Anglo Northamerican Establishment, en nombre de la humanidad.*

El modelo de esta propuesta sociedad secreta sería similar a la sociedad de los jesuitas y la sociedad de los masones. Adam Weish Haupt fundó la Orden de los Iluminados el 1° de mayo de 1776 con el propósito de conspirar para organizar el mundo. No queda ninguna duda de su papel jugado en el Reino del Terror y del deseo expansionista de Napoleón. Weish Haupt tomó el modelo de la sociedad de los jesuitas y escribió el código con simbología masónica. En 1888, Rhodes escribió su tercer testamento en manos de quien financió sus empresas mineras: Lord Rothschild junto con una carta que acompañaba a ésta, mencionando el asunto por escrito.

Uno supone que se refería y consistía del primer testamento y la confesión de Fe, ya que Rhodes en una postdata mencionó considerar las cuestiones sugeridas en la toma de la CONSTITUCIÓN DE LOS JESUITAS.[121] La sociedad secreta fue establecida en marzo de

---

[120] Fidel Castro, *Reflexiones*, Edit. Publicaciones del Consejo del Estado, Habana,1957, p. 25.
[121] Abraham Larry, *Teoría de la conspiración*, p. 55.

1891 con dinero de Rhodes. La organización funcionó a nombre de Lord Rothchild y Alfred Milner.

La mesa redonda trabajó detrás del escenario en los niveles más elevados del gobierno británico infligiendo en las relaciones exteriores e involucrando y conduciendo a Inglaterra en la Primera Guerra Mundial.

En el Consejo de Relaciones Exteriores operaba J.P. Morgan & Company en asociación con el grupo de la Mesa Redonda estadounidense en coordinación con el *Royal Institute of International Affairs* (Instituto Real de Asuntos Internacionales).

En el Consejo de Relaciones Exteriores, el principal agente fue el coronel House, apoyado por Walter Lippman, John Foster Dulles, Allen Dulles y Christan Verter. Fue House el anfitrión tanto en Inglaterra como en Estados Unidos en la reunión clave en 1919 en el hotel Majestic, París.

"La Fundación del Instituto de Relaciones Exteriores, se realizó en París, en 1919 y desde el comienzo fue constituida por dos ramales, una en Inglaterra y otra en Estados Unidos.
Consejo de Relaciones Exteriores C.F.R. fue el nombre que se le asignó en Estados Unidos y para Inglaterra: RIIA Royal Institute of International Affairs.
"Una de las principales razones que tuvieron los INTERNOS DEL ESTABLISHMENT y por lo cual trabajaron para estar detrás del escenario fue fomentar la Primera Guerra Mundial. La guerra ayudaría a la creación de un gobierno a nivel mundial.

"Si deseas establecer monopolios nacionales, tendrías que controlar gobiernos nacionales. Si deseas establecer monopolios o carteles internacionales tendrías que controlar a un gobierno global".[122]

La adquisición por Washington del Istmo de Panamá y la subsiguiente intervención del Canal de Panamá (terminado en 1914) se hicieron posibles gracias a la cooperación Anglo-Americana, comenzando desde la Primera Guerra Mundial y eventualmente formalizándose con el Tratado del Atlántico Norte (1949).

Una alianza consanguínea y pragmática o relación especial ha existido entre los Estados Unidos y el Reino Unido, los unen orígenes comunes anglosajones, historia, religión, idioma y proyecto común de control global anglo norteamericano. Existe una hipótesis que Gran Bretaña y Estados Unidos de Norteamérica estuvieron territorialmente unidos hace millones de años.

El Consejo de Relaciones Exteriores era un subsidiario de la Mesa Redonda, es decir, The Anglo North Establishment.

J.P. Morgan & Company.
KUHN, Loeb & Company.
Dillon, Read & Company.

---

[122]*Ibid*, p. 54.

Paul Warburg.

Los creadores de la Reserva Federal aparecen en la revista *Christian Science Monitor*. En Estados Unidos, el Consejo de Relaciones Exteriores se encuentra enfrente de la embajada de la Unión Soviética y de las Naciones Unidas.

El propósito del Consejo era el estudio de la política exterior de los Estados Unidos, hay un continuo flujo de los miembros que van del servicio público al privado. Casi la mitad de los miembros del Consejo han sido invitados para que asuman posiciones oficiales en el gobierno o funcionen como consultores.

Miembros del Consejo de Asuntos Exteriores:

Nelson Rockefeller

John Foster Dulles

John Carter Vincent

Dean Acheson

Diseñaron la Organización de las Naciones Unidas, el primer y mayor paso exitoso encaminado hacia un súper estado global. Sus reuniones en Teherán, Postdam y Yalta planteaban como Pinky y Cerebro: "tratar de gobernar al mundo".

En Postdam y Yalta se firmaron los tratados de paz de la Segunda Guerra Mundial, donde se generó la estructura BIPOLAR del universo, con el
Pacto de Varsovia y el Pacto del Atlántico Norte.

El principal asesor de Relaciones Exteriores fue Henry Kissinger y todos los subsecretarios de Estado. Hoy en día el C.F.R. sigue trabajando activamente para conseguir su meta final de establecer un gobierno global, un gobierno que los INTERNOS y sus aliados controlarán.

La meta propuesta del C.F.R el 25 de noviembre de 1959 abiertamente propone: Construir un nuevo orden internacional, el cual será responsable de alcanzar las aspiraciones mundiales de la paz, y el cambio social y económico, un orden internacional.

4.3 Super gobierno global

PERSONAJES:

SCHIFF, WARBURG, VANDERLIEF, ROTHSCHILD, ROCKEFELLER, FORD BARUCH, CARNEGIE, MORGAN, KUHN & LOEB, LAZARD FREDES, DILLEN LEAD, LEHMAN BROTHERS, GOLDMAN SACKS.

CORPORACIONES

CHASE MANHATAN, MORGAN GUARANTEE.

SOCIEDADES SECRETAS

ROUNDTABLE, RIIA, C.F.R, SKULL & BONES.

EMPRESAS TRANSNACIONALES

WAL-MART, COCA-COLA, FORD , McDONALD'S, STANDARD OIL, IBM, XEROX , PAN AMERICAN, FIRESTONE, U.S. STEEL, APPLE, SHELL, CHEVROLET, SONY, SAMSUNG.

MASS MEDIA

NBC, CBS, CN, TIME, LIFE, FORTUNE, LOCKHEED, NEWS WEEK, NEW YORK TIMES, NEW YORK POST, WASHINGTON POST, NEW YORK TIMES, MAC GRAW HILL, SIMON & SCHUSTER, HARPER BROTHERS, BOOK OF THE MOON, NEWSWEEK, CLUBTIME, SATURDAY REVIEW, SKY TEAM, BUSINESS WEEK NATIONAL, COLUMBIA, BROADCASTING CORPORATION.

CORPORACIONES

NATIONAL BROADCASTING CORPORATION, HUDSON INSTITUTE, FUND FOR REPUBLIC.

COUNCIL OF FOREIGN RELATION

DEAN ACHESON, ALGER HISS, ADIAL STEVENSON, JOHN KENNEDY, AVERELL HARIMAN, GEORGE BALL, HENRY FOWLER, DEAN RUSK, ADAM

YARMONLINKY, JOHN KENNETH GALBRAITH, ARTHUR SCHLESINGER, hijo, JOHN LINDSAY, HUBERT HUMPHREY, JAMES CARTER, WILLIAM CLINTON, DWIGHT EISENHOWER, JOHN FUSTER DULLES, THOMAS E. DEWEY, JACOB JAVILS, PAUL HOFFMAN, ROBERT MAC NAMARA, JOHN GARDNER, HENRY CABOTT LODGE, ROCKEFELLER, ELLIOT RICHARDSON, ARTHUR BURNS, HENRY KISSINGER, RICHARD NIXON, RONALD REAGAN, GEORGE BUSCH I, GEORGE BUSH II, BARACK OBAMA.

UNIVERSIDADES

OXFORDD, HARVARD, CAMBRIDGE,STANFORD,BERKELEY.

La estructura bipolar del universo consistía en la división del planeta en dos, por una parte los países dirigidos por Estados Unidos, organizados con el Pacto del Atlántico el 14 de Agosto de 1941 y por otra parte, los países dirigidos por la Unión Soviética, agrupados entorno al pacto de Varsovia.

El 9 de Noviembre de 1998, la caída del muro de Berlín abre un periodo de hegemonía relativa norteamericana en una estructura multipolar.

El concepto del Tercer Mundo comenzó a manejarse en los medios Internacionales desde el inicio de la Postguerra cuando el avance del comunismo sobre los territorios de Europa Oriental dio como resultado la formación de un "Segundo Mundo", es decir, el bloque Soviético cuyo creciente poderío le permitía entrar en competencia con el "Primer Mundo" capitalista. La Unión Soviética y Estados Unidos se encontraron a la cabeza del mundo respectivo integrado por naciones satélites y aliados de la súper potencia respectiva, que reunían características políticas y económicas comunes. Por otro lado, quedaba un conjunto de países caracterizado tanto por estar menos desarrollados en materia económica y tecnológica como por su neutralidad con respecto a las dos superpotencias. Estos países tomados en conjunto, con características distintas a los dos bloques y negando incluso su pertenecía a alguno de ellos, constituían un "Tercer Mundo" dentro del cual fueron clasificados. Geográficamente tales países corresponden a América Latina y al Asia comunista, África y Asia, con excepción de Sudáfrica y presentan la característica general de estar ubicados en el hemisferio sur del globo terrestre, dando forma a una desigual relación entre el Norte, integrado por los países de los dos primeros mundos **desarrollados** y el Sur formado por las naciones subdesarrolladas del Tercer Mundo.[123]

Los países del Tercer Mundo son interdependientes aunque sus economías son dependientes, ya sea de sus antiguas metrópolis o de los países desarrollados y este es el mecanismo por el cual presentan rasgos de subdesarrollo. El concepto de subdesarrollo no se puede aplicar a todos los países dependientes de las economías del primer mundo, pues existieron diferencias especificas en la estructura productiva de sus países, algunos de los cuales se clasifican como en vías de desarrollo y se encuentran relativamente en mejores condiciones que aquellos incapacitados para diversificar su economía y lograr un crecimiento moderno.

Los países latinoamericanos fueron organizados por la CEPAL (Comisión Económica Para América Latina) y la teoría de Raúl Prebisch de posibilitar el crecimiento sostenido de los países de América Latina.

Desde la caída del muro de Berlín, se han creado treinta y ocho naciones desprendidas de la influencia Soviética y girando dentro del área de influencia dominada por el capital anglo-norteamericano F.M.I.

El poder, afirma Hobbes, es la diferencia de capital, inteligencia, belleza, fuerza física, económica o militar, entre los individuos o entre las naciones. La lucha por el poder entre los individuos y entre las naciones es para aumentar poder, demostrar poder o conservar poder, según la Teoría del Realismo Político de Hans Morgenthau en su libro: "Paz y Guerra entre las Naciones".

Estados Unidos aprobó el mayor presupuesto militarde toda su historia -16.7 billones de dólares- presentado por la administración Obama quien ha amenazado a Irán y Corea del Norte con guerra nuclear para aumentar su poder militar; asimismo hace operaciones nucleares frente a China para demostrar poder y conservarlo frente a la potencia que amenaza con volverse hegemónica en treinta años, datos conferidos según la NASA y Google.

La guerra y el conflicto tienen una utilidad en tiempos de crisis. La economía de guerra revive el ciclo producción, distribución, circulación, consumo en una potencia agónica hegemónica.

La Teoría de la Seguridad Nacional "Es el derecho de guerra de agresión y rapiña apoyado en su superioridad tecnológica militar y en un sistema internacional que ahora se ha centrado en los derechos de las mercancías";[124] afirma Eduardo Saxe Fernández en su emocionante libro *ColapsoMundial y Guerra*. La Teoría de la Seguridad Nacional Norteamericana tiende o se dirige a una militarización mundial y a la creación de un Estado Global.

---

[123] Gloria Delgado de Cantú, *Historia universal de la era de las revoluciones al mundo Globalizado*, Pearson, Prentice Hall, México, 2010, p. 407.

[124] Eduardo Saxe Fernández, *Colapso mundial y guerra,* Editorial Amo al Sur, San José, Costa Rica, 2005, p. 11

El sistema capitalista es una infernal maquinaria que se autorregula automáticamente en el mercado.

"Sobre todo el capital especulativo financiero y el asociado con la guerra. En la academia de los estudios internacionales, las voces oficialistas hasta ideólogos de nociones totalizantes o integradoras no ya de la guerra (fea palabra) sino de la seguridad. Pero la verdad es que la guerra es el centro de los procesos internacionales. La noción de "seguridad". Normaliza, naturaliza, cotidianiza. positiviza y justifica la guerra Invierte los valores y se la emplea para suprimir la repulsión que sentimos por el asesinato como fundamento ontológico".[125]

La Guerra Mundial es la política del estado mundial, la política contra el terrorismo o terrorismo de Estado, tejido cancerígeno que amenaza con **metástasis**.

"Esto independientemente que consideremos a Estados Unidos un imperio, una supremacía o un aspirante a hegemón, o bien que se trata de potencias imperiales (Petras) a no solamente a los Estados Unidos sino también la Unión Europea. Aquí concibo una aspiración hegemónica entre estas dos potencias Estados Unidos con la Unión Europea, pese a su herencia tradicional (herencia de la Primera Guerra Mundial) y cada vez más enfrentada con otras grandes potencias euroasiáticas".[126]

La globalización forma conceptos y teorías para legitimar la actual fase superior del capitalismo con su ciber-cultura, su derivado mundo virtual, su hedonismo posesivo y su liberalismo individualista, la guerra, el genocidio y la destrucción del planeta

Un cálculo pragmático obligaría a Estados Unidos a mejorar sus relaciones con todas las naciones del Planeta, esparcir su mejor aroma, regresando a sus orígenes puritanos, místicos y trascendentalistas para obtener su mayor beneficio y la seguridad del planeta.

La Conferencia Bilderberg, conocida también como Grupo Bilderberg, Foro Bilderberg o Club Bilderberg, es una conferencia anual a la que sólo se puede asistir mediante invitación. Asisten cerca de 130 invitados, la mayoría de los cuales son personas consideradas de influencia en los círculos empresariales, académicos, militares y políticos. Debido a la manera informal y privada de las discusiones, es objeto de numerosas teorías de la conspiración. El grupo se reúne una vez al año en complejos de cinco estrellas de Europa y Norteamérica, donde la prensa no tiene ningún tipo de acceso.

El Grupo Bilderberg es el gobierno mundial a la sombra que decide el futuro del mundo en absoluto secreto.

El grupo de élite se encuentra, en el mes de mayo, en un exclusivo hotel de 4 o 5 estrellas en Europa y una vez cada cuatro años lo hacen en Estados Unidos o Canadá. Los asistentes a esta conferencia incluyen banqueros, expertos en defensa, barones de los medios, ministros de

---

[125]*Ibid,* p. 1.
[126]*Ibid,* p. 8

gobierno, primeros ministros, financieros internacionales y líderes políticos, que se encuentran durante cuatro días en total reclusión.

El nombre "Bilderberg" viene del Hotel de Bilderberg, en Oosterbeek, Países Bajos, donde se llevó a cabo la primera reunión en 1954. Actualmente, tienen una sede no oficial en Leiden, Holanda.

Los fundadores fueron el Príncipe Bernardo de Holanda y David Rockefeller pero fue Joseph Retinger, un consultor político polaco preocupado por el crecimiento del anti-americanismo en Europa occidental, quien finalmente propuso hacer una conferencia internacional con el propósito de promover el entendimiento entre las culturas de los Estados Unidos y Europa occidental. La lista de invitados incluyó dos asistentes de cada nación que representaran los puntos de vista de los partidos conservador y liberal.

El éxito de la reunión los llevó a organizar una conferencia anual. Se formó un Comité Directivo de 39 miembros que nombraron a Joseph Retinger como secretario permanente hasta que murió en 1960, siguiendo en el cargo Ernst Vander Bengel. El Príncipe Bernardo de Holanda fue su Presidente hasta su muerte en 2004. El Comité mantiene un registro de asistentes para crear una red informal de gente importante.

Sus asistentes más famosos son: Juan Carlos I y la Reina Sofía de España, Henry Kissinger, la Reina Beatriz de Holanda, Tony Blair, Bill Clinton, David Rockefeller, Angela Merkel, George Soros, Jacques Chirac, Donal Rumsfeld, Obama, pero también concurren los presidentes del Fondo Monetario Internacional, el Banco Mundial, la Reserva Federal y el Banco Central Europeo.

Otros asiduos visitantes son los presidentes de las mayores compañías globales; Coca Cola, Pepsi Co., Ford General Motors, Nokia, Motorola, American Express, Microsoft, Oracle, Ericsson, Shell, JP Morgan, Xerox, directores de CIA y el FBI, secretarios generales de la OTAN y muchos representantes de los principales bancos de todo el mundo.

El propósito declarado de los integrantes del Grupo Bilderberg es promover la cooperación y el desarrollo económico entre los países occidentales contra el peligro comunista global, pero se sabe que realmente su fin es el petróleo y el gas natural del planeta, porque los que controlan el petróleo controlan la Tierra.

El Club Bohemio (o "Bohemian Grove") fue fundado en 1872 y cuenta con cerca de 2000 miembros, exclusivamente masculinos. Es una organización de tipo oculta donde se reencuentran altos dirigentes de la economía de las finanzas y de la política.

Ellos discuten allí asuntos del mundo y se habla sobre estrategias políticas o económicas. Pero sobre todo, participan en ceremonias paganas de inspiración druídica y a menudo satánica, particularmente con una hoguera nocturna delante de una inmensa estatua de búho y que es de hecho una representación de Moloch, una divinidad babilónica y de Lilith, una divinidad sumeria. El búho es también el logotipo del Bohemian Club.

Los participantes son en su mayoría norteamericanos, a menudo próximos al Partido Republicano. Algunos europeos también eran invitados como Michel Rocard (ex primer ministro francés) Valéry Giscard d' Estaing (ex presidente francés y diseñador de la Constitución europea) o John Major (ex primer ministro británico).

Un número de listas de membresías pasadas están en dominio público, sin embargo las listas de membresías modernas del club son privadas. A algunas figuras prominentes se les dio membresías honorarias, tales como Richard Nixon y William Randolph Hearst. Los miembros incluyen algunos ex presidentes de U.S.A.

Su sede se encuentra en el 624 de Taylor Street en San Francisco.

"El Council of Foreign Relations (CFR) es una organización estadounidense no partidista, dedicada a la política exterior, fundada en 1921 y con base en la 58 East 68th Street en Park Avenue (Manhattan) en Nueva York, con una sucursal en Washington, D.C. Muchos creen que se trata de la organización privada más poderosa por su influencia en la política exterior de los Estados Unidos. Publica la revista bimensual *Foreign Affairs*. Tiene una extensa página web que provee enlaces a su *think tank* (tanque de pensamiento), el programa de estudios David Rockefeller, otros programas y proyectos, publicaciones, historias, biografías de directores notables y otros miembros del directorio, miembros corporativos y notas de prensa".

Los submarinos soviéticos reportaron experimentos atómicos muy cerca del día del terremoto que devastó Haití.

Chomsky anunció en septiembre en la Universidad Nacional de México, la realización de experimentos atómicos frente a China antes del terremoto que generó accidentes nucleares en Japón. Otra vez desastres nucleares sobre Japón víctima de Hiroshima y Nagasaki, apareció en el "Canal 11" emisión televisiva.

Chomsky declaró que Obama ha elevado el prepuesto militar más grande de la historia de Estados Unidos. Su política de impuestos es irrealizable. Si aumenta los impuestos de los grandes capitales, estos migrarán como capital golondrina a paraíso fiscales. Su política migratoria es más republicana que la de los republicanos. Prometió continuar la hegemonía estadounidense.

El rostro negro africano islámico keniano está orgulloso de haber matado "supuestamente" al líder del Islam Osama Bin Laden, socio comercial de Estados Unidos y agente de la C.I.A., quien pudo haber cambiado de identidad o pudo haber muerto por causa de enfermedad renal en hospital norteamericano.

Obama, Hillary Clinton y Bush se regocijan de haber asesinado al presidente de Libia al estilo canibalesco, la operación la dirigió una mujer blanca WASP anglosajona, hija de republicano, casada con demócrata que contendió contra Obama por la presidencia.
Es verdad que Kadafi era un tirano canibalesco, pero los problemas de Libia (país productor de petróleo) son problemas de Libia, que no justifica la intervención militar por parte de los Estados Unidos y de la ONU.

Estados Unidos intervino Túnez y Egipto a través de organizaciones no gubernamentales, ONG portadoras de gran capital para orientar un país al servicio de los intereses hegemónicos.

Igualmente la amenaza del CFR en la persona de Hillary Clinton hacia Irán, país productor del petróleo y Corea del Norte (frontera con China). La intervención militar norteamericana en Siria fue originada por el deseo del control del petróleo acusando a su dirigente de no ser democrático.

Obama se enorgullece de su política migratoria hacia México y América Latina, la construcción del Muro de Berlín, frontera con México, el traslado del mayor número de militares de la historia estadounidense en la frontera con México y la consiguiente disminución del flujo migratorio latinoamericano y mexicano, miembro de su Tratado de Libre Comercio.

La amenaza declarativa de Hillary Clinton, representante del C.F.R. (concedida por Cecil Rhodes), sea el que sea el presidente de México la narco guerra va a continuar. La narcoguerra ha generado 63, 000 muertos inocentes y no inocentes.

La política de Estados Unidos de Norteamérica hacia los Estados Unidos Mexicanos radica en reforzar la lucha contra el narcotráfico en México desde el Pentágono y verificar la eficacia de la estrategia anti narco mediante dinero, tecnología, adiestramiento y equipo bélico. Este sexenio cambiará el giro de la estrategia militar dominante a una configuración policiaca de gendarmería.

El capitolio aportará 83 mil 400 millones de dólares para sus operaciones militares y diplomáticas en Irak y Afganistán.

El proyecto Obama está pensado en militarizar la frontera sur con México restar su política migratoria y controlar al narcotráfico, ya que este último aparece como un problema de Seguridad Nacional para ambos países. La frontera *The new frontier* permite correr la primera línea divisoria del Estado-Nación mexicano y entrar a supervisar, revisar, verificar: alimentos, alcohol, tabaco, narcotráfico y demás.

"El estado global domina al estado nación, da lineamientos políticos y económicos. Este proyecto implica que por primera vez en la historia de México existe vigilancia, verificación y calificación del trabajo contra el crimen organizado por medio de Agencias Federales y del Ejército mexicano, con lo cual recaerá en parte en funcionarios extranjeros que físicamente estarán ubicados dentro del territorio nacional".[127]

El estado nacional mexicano desaparece para abrir su espacio al estado global, al estado hegemónico norteamericano para verificar sus procesos en narcotráfico, economía, educación, política, deuda externa, medios masivos de comunicación, alcohol, tabaco, armas de fuego, antidrogas y demás.

---

[127] Jesús Esquivel J, *Estados Unidos hacia la militarización de la frontera*, Proceso, 12 de abril de 2009, 1693, México, p. 7.

La DEA (Drug Enforcement Administration o Administración de cumplimiento de leyes sobre las drogas) está organizada por el Departamento de Estado de Estados Unidos de Norteamérica y por la Secretaría de Relaciones Exteriores de México, recordemos esta política recurrente desde la fundación del *Anglo-north American Establishment*.

De manera extra oficial la revista "Proceso" pudo confirmar tres de las cuatro agencias que representarán a Estados Unidos en el CCI (Centro de Cooperación Internacional): Alcohol, Tabaco, Armas de Fuego y Explosivos (ATF), la Administración Federal Antidrogas (DEA) y la oficina de Cumplimiento Aduanal y Migratorio (ICE). La cuarta podría ser la Oficina de Protección Fronteriza y Aduanas (CBP), el Buró Federal de Investigaciones (FBI) o la Agencia Central de Inteligencia (CIA) y del lado mexicano es representado por el CISEN Centro de Investigación y Seguridad Nacional, tres instancias más que deberán designar la Secretaría de Seguridad Pública (SSP) y la Procuraduría general de la República (PGR) en el período de Felipe Calderón.

"En una reunión bilateral celebrada hace unos días en Washington para hablar de los métodos de operación del CCI, el Departamento de Estado propuso que *sea un mecanismo de seguimiento que se enfoque en la construcción de capacidades y diseño de políticas conjuntas,* según reveló otro funcionario estadounidense que pidió el anonimato".[128]

> Estados Unidos de Norteamérica invade en todos y cada uno de los temas esenciales y medulares de la política y economía mexicana bajo el pretexto de su intervención en el problema del narcotráfico, rebasando al Estado Nación Mexicano. Este proyecto tiene su antecedente en el gobierno de Bush de tal manera que se trata de una continuidad sin ruptura con la política de Bush padre, Bush hijo y Bush espíritu santo.[129]

Los Estados Unidos y algunas otras intervenciones extranjeras han extraído en América Latina recursos materiales evitando la consolidación de países socialistas, nacionalistas o de economía mixta. En este momento se presentan algunas excepciones como Cuba, Venezuela, Perú, Brasil. El reciente triunfo en las elecciones celebradas el pasado 15 de marzo del Frente Farabundo Martí de Liberación Nacional (FMLN) en El Salvador.

Estados Unidos organizó un golpe de Estado contra el presidente de Honduras por su ingreso a la Alternativa Bolivariana de las Américas (ALBA), bloque político y económico impulsado en conjunto por Venezuela como una alternativa al Área de Libre Comercio de las Américas (ALCA) promovido por Washington.

Lula presentó un liderazgo de 34 países de la Cumbre Latinoamericana y el Caribe (CLAC) incluyendo a Cuba.

Más complejo se perfila el panorama con Venezuela cuyo expresidente Hugo Chávez impulsó iniciativas de integración regional que excluyen a Estados Unidos tal como el

---

[128]*Ibid*, p. 8.
[129]*Ibid*, p. 7.

Banco del Sur, Telesur, Petrocaribe, Petrosur y el ALBA. Chávez prestó asistencia militar, política y económica a varios países como Argentina, Nicaragua o Bolivia. Recordemos que Venezuela es el país que posee mayor cantidad de petróleo accesible y no accesible del mundo.

América Latina juega un papel importante en la configuración de un mundo multipolar; así como necesita la consolidación democrática regional, el crecimiento económico y la interconexión a través de grandes obras de infraestructura. Aparece un argumento de la inversión extranjera en América Latina entre Rusia y China.

China invirtió 103 mil millones y fue transitando gradualmente de una ideología comunista a un voraz capitalismo, debido a la inyección de capital anglo-norteamericano. El sudeste Asiático viró hacia un capitalismo maquilador. Taiwán, Corea del Sur, Malasia y Singapur con altas tasas de crecimiento sostenido. África ha sido explotada en sus recursos naturales, capital humano y etnopaisajes generando un gran derramamiento de sangre.

Rusia ha entrado con acuerdos petroleros a través de Cuba y Venezuela lo que se considera, una alianza estratégica y un contrapeso sólido a la influencia estadounidense. Ha vendido armas por un valor de 5 mil 400 millones de dólares entre lo que destacan aviones, helicópteros, submarinos y buques por una institución estatal o instituciones estatales de una nación o de un grupo de naciones.

Estados Unidos es el principal obstáculo para la integración latinoamericana en primer lugar por el tamaño de su población, economía y su nivel de consumo que atrae inevitablemente a cada uno de los países hacia su órbita y tiende a separarlos de un proceso de integración y prefiere la subordinación mediante el ALCA (Área de Libre Comercio de América Latina).

"Al margen del gobierno de Bush varios países latinoamericanos crearon alianzas e instituciones regionales que en los hechos redujeron la influencia de Washington en la región. Por iniciativa de Brasil 12 gobiernos crearon la Unión Suramericana de Naciones (Unisur) el 23 de mayo de 2008".[130]

En el ámbito económico los Estados Unidos han impulsado en la región el llamado Consenso de Washington que promovió las privatizaciones, la apertura de los mercados, las desregularizaciones a la inversión extranjera, la reducción del tamaño del Estado entre otros aspectos.

El jefe del Comité para el Desarrollo de las Naciones Unidas, Richard French Davis, sostiene que las políticas neoliberales han derivado en un completo fracaso en América Latina, el único éxito que han tenido es reducir la inflación (la inflación no disminuye, al contrario aumenta), pero que es muy importante abatirla con crecimiento significativo, lo que no ha existido, y con mejor empleo, que tampoco se ha dado. Tenemos una falta enorme de empleos decentes.[131]

---

[130]*Ibid*, p. 44.
[131]*Ibid,* p. 41.

De acuerdo con el Informe Panorama Social de América Latina publicado en 2008 por la CEPAL (Comisión Económica para América Latina) entre 1990 y 2007 aumentó el número de personas que se situaban por debajo de la línea de pobreza. En 1980 había 136 millones de pobres, mientras que en 2007 estos sumaban 184 millones. La participación de las remuneraciones en el Producto Interno Bruto (PIB) de Latinoamérica pasó de 42.3% a 34.2%.

La utopía liberal de un mundo sin fronteras se llama *Pragmatik way of life.*

> Durante doscientos años Estados Unidos ha dejado claro que no vamos a soportar la intervención en nuestro hemisferio, sin embargo debemos ver que hay una intervención importante: el hambre, la enfermedad, la desesperación, desde Haití hasta Perú. Podemos hacer algo mejor las cosas y debemos hacerlo no podemos aceptar la globalización de los estómagos vacíos".[132]

La globalización genera hambre en América Latina y países generalizados.

"Los Estados Unidos de hoy no tienen nada que ver con la declaración de principios de Philadelphia, y las trece colonias que se rebelaron contra el colonialismo inglés".[133] Afirma Fidel Castro.

Pregunta Fidel Castro: *¿Es correcto que el Presidente de Estados Unidos ordene el asesinato de cualquier persona en el mundo, sea cual fuera el pretexto?*

Así pues, Obama se vanagloria de haber asesinado a Osama Bin Laden y a Kadafi. El Imperio pragmático busca su máxima ganancia en Afganistán, área estratégica por donde bajan las reservas de petróleo de la ex Unión Soviética y primer país productor de opio, así también Libia fue intervenida como un país productor de petróleo y fue asesinado su líder político, a su vez Libia mató al embajador norteamericano.

El Pragmatismo y el uso del poder combina los objetivos de los Estados Unidos como líder del mundo. Hillary Clinton quien viajó especialmente a Libia para contemplar el asesinato canibalesco de Kadafi.

---

[132] Fidel Castro, *Obama y el Imperio*, Edit. Latinoamericana, Habana, 2011, p. 8.
[133] *Idem.*

Un caníbal contemplando a otro caníbal.

Obama decide apoyar resueltamente la relación Estados Unidos e Israel.

Obama, presidente mediático de padre keniano, negro y madre norteamericana blanca protestante. Obama sirve al *Stablishment* angloamericano.

Estados Unidos dirige el comercio global, mediante el Fondo Monetario Internacional, buscando un desarrollo sustentable incierto.

Se registra la amenaza de un cambio climático, inminente e irreversible en veinte años ya no habrá hielos polares, habrá sequías, no habrá alimentos y se generará hambre.

China y Estados Unidos trabajan juntos, donde no se sabe si son amigos o rivales y quién detenta la hegemonía. Obama si bien reconoce el motor del mercado propone su regulación ante la amenaza de crisis generalizada. Los países del BRIC aparecen como potencias emergentes.

"El primer ministro de Londres manifestó que un Nuevo Orden Internacional está emergiendo".[134]

Estados Unidos, no respaldo su moneda en oro, por lo cual China le llama moneda chatarra.

Las cumbres de los G20 deberían centrarse en las necesidades humanas más que en acuerdos financieros pragmáticos.

Estados Unidos se propone que los cuarenta países de la ex unión Soviética orbiten sobre la órbita de la OTAN.

La República Popular Democrática de Corea, anunció el doce de marzo, lanzar un satélite de comunicaciones como parte de un programa espacial con fines pacíficos. Afirma Fidel Castro.

Obviamente Estados Unidos y las potencias de la OTAN solamente permitirán el uso de energía nuclear a las grandes potencias, de ninguna manera permitirán su uso a Corea del Norte ni a Irán, ni Siria, anunció Obama.

El expansionismo norteamericano va desde China, Japón, Corea, Vietnam, Centroamérica, Guatemala, Nicaragua, El Salvador y Panamá así como Argentina, Chile, Granada,

---

[134]*Ibid*, p. 35.

Uruguay, Santo Domingo, así mismo los países islámicos: sirios, libios, afganos e irakies, egipcios, turcos, palestinos y sudafricanos.

Estados Unidos se percibe como el policía del mundo, el que orienta la geopolítica hacia sus intereses pragmáticos y defiende con bases militares y robótica militar aviones tripulados por robots, caza bombarderos F-35 y F-22.

Arma a Colombia contra todas las naciones de América Latina, Colombia firmó acuerdo sobre narcotráfico donde delegó su soberanía a Estados Unidos contractualmente. Afirma Fidel Castro.

Hillary Clinton declara

Sea el que sea el presidente de México, la narco guerra va a seguir.

Estados Unidos ha generado la guerra del narcotráfico en México, donde han muerto 100,000 inocentes y no inocentes, la misma cantidad que en una guerra declarada en Irak, para apoderarse de su petróleo. Noam Chomski afirma que se trata de una limpieza étnica con 25 000 desaparecidos.

Fidel Castro atestigua: "debe exigírseles el máximo de sacrificio a los más ricos un máximo de racionalidad para el empleo de los recursos y un máximo de justicia para la especie humana". Coincide Obama en cierto grado con Fidel Castro en su política doméstica, pero ha aumentado la deuda externa a 16 000 millones de dólares, dirigidos hacia el armamentismo hacia los países islámicos.

Asombro y desconcierto en el IR y VENIR sin dirección. Bella poesía que dibuja minuciosamente la globalización. Es como la búsqueda de sentido y sin sentido. Ir y venir en el trajinar de la incertidumbre.

Mi propósito ha sido analizar, interpretar el imperio y/o civilización angloamericana, europea, china organizadas por la violencia, la virtualidad y la velocidad PRAGMATIK WAY OF LIFE.

Estamos cansados, sin vivir conforme a lo que me nace, lo que me vibra, vivir en la autenticidad, afirma Cesáreo Morales.

"El hombre también revienta sin más, en la fábrica global, en el caos global".[135]

Cuando los Zetas, matan cien latinoamericanos migrantes y los entierran en fosas comunes, alguien paga esta POLÍTICA DEMOGRÁFICA ¿NO?, o también en minas de carbón

---

[135] Cesáreo Morales, *Ir. Variaciones sobre JacquesDerrida*, México, Editorial Porrúa, LXV Legislatura de la Cámara de Diputados, México, 2012, p. 273.

llamados *pozitos*, o en trata de blancas, secuestros y tráficos de órganos, personas y armas ante el gran desempleo de Latinoamérica. Triste devenir.

Al igual que en *La vida precoz y breve de Sabina Rivas*, película de Luis Mandoki, Obama representa la vanagloria por la capacidad de destrucción no es más que una amenaza tanto más violenta cuando más poder real y disuasivo se posee. Afirma Fidel Castro.

Actualmente Obama presenta una deuda externa de 16, 000 millones y al final de su siguiente periodo tal vez se duplique como en la guerra contra islámicos y latinoamericanos mediante su poder MEGA TECNOLÓGICO que le da sentido GEOPOLÍTICO al planeta. Algo se juega, ¿pero qué es? Se juega la hegemonía.

La globalización nos devela "la crueldad de unos con otros"[136] la cainización como afirma Cesáreo Morales poéticamente.

Revisa "el empirismo de Rorty la mera aceptación de la efectividad del poder de causar violencia y dolor, y de humillar".[137]

Asimismo, Rorty critica a los intelectuales de izquierda de vivir de criticar al Estado.

La globalización genera vendedores de chatarra en el mercado mediático en una sociedad triste, cansada y sin ilusiones, fenómenos y sin ilusiones. Exhibido por SLOTERDIJK.

Las elecciones entre Obama y Mick Romney simbolizan las mercancías del voto latino, afroamericano, mujeres en pro del aborto, jóvenes en favor del uso de la mariguana con fines recreativos, homosexuales y "minorías étnicas". En contra de la Ley Arizona se volvieron en protagonistas de la historia, ante el silencio de los candidatos.

"No se trata de estudiar la representación sino de acercarse al lenguaje como uno responde a una mirada".[138]

Es una bella metáfora, no se trata de reducirse al nivel discursivo, existe todos los otros sentidos y niveles.

"Un pragmático no desconoce la existencia de la malevolencia y el hecho de que ella se expanda más rápidamente y con mayores consecuencias que la benevolencia".[139]

Estamos instalados en una DEMOCRÁCIA POR VENIR. El yo está instalado en el presente continuo y no tienen dirección en el IR.

---

[136]*Ibid*, p. 5.
[137]*Ibid*, p. 20.
[138]*Ibid*, p. 158.
[139]*Ibid*, p. 47.

Vivimos en el desasosiego, en la inestabilidad trascendental, vivir juntos en la suspensión de nuestro sentido. Himnos de alabanza a la globalización, alaban la migración, el desempleo, el secuestro, la violación, la prostitución, el tráfico de drogas, de personas y de órganos. Fábrica global, Caos global, "geopolítica infernal".[140]

La cultura no es producto solamente de un imperio dominante anglosajón "las clases subalternas, los movimientos sociales, las movilizaciones de mujeres, marginados, migrantes, homosexuales, vegetarianos, pacifistas, campesinos luchan por construir otros espacios de cultura".[141]

Son estos los que ganaron las últimas elecciones. El movimiento de minorías se articulan bajo el rostro de Obama.

El grupo Bush – Obama busca el control militar de todos los hidrocarburos del planeta. La intervención en Libia tuvo como propósito el petróleo y su intervención en Túnez y Egipto, tenía como objetivo el agua de la región. Estados Unidos dirige 2 misiles hacia Siria, que fueron enviados al mar por Putin.

La estrategia pro-imperialista de E.E.U.U. y el capital, encuentra razones profundas, estructurales en la situación de estos países sociales y de colapsos ecológicos mundiales.

A la vez que con causa de la militarización y degradación de la vida planetaria y civilizacional, los colapsos ecosociales tienden a provocar el fracaso de la aspiración hegemónica de E.E.U.U. y de la rearticulación del capital.

La globalización nos muestra el deseo caníbal, presupone la dialéctica entre amor y odio, amistad y enemistad y la guerra de todos contra todos. En general, en el ámbito global. Todo no es más que poder e impotencia. Cesáreo Morales nos plantea "el desvanecimiento de la moral, no hay encarnación del bien, se mueve en un mar de contradicciones. La religión se ha caído, está en caída libre, junto con la moral, sin embargo, siempre se regresa al núcleo religioso como punto de partida, como asidero. La globalización de la violencia parece el Apocalipsis. Presagia la amenaza del juicio final que será peor que la muerte. En aquellos días buscarán los hombres la muerte y no la encontrarán, desearán morir y la muerte huirá de ellos".[142]

Este mundo globalizado está en caos, la crisis de hegemonía de Estados Unidos, la crisis Europea. Mundo de violencia como explosión de lo viviente.

---

[140]*Idem.*
[141] Antonio Negri y Michael Hardt., et, *Imperio, multitud y sociedad abigarrada*, Paidós, Barcelona, 2011, p. 25.
[142] Cesáreo Morales, *¿Hacia dónde vamos? Silencios de la vida amenazada*, Siglo XXI, México, 2010, p. 23.

El Dr. Cesáreo Morales hace una radiografía de la realidad contemporánea, conserva el asombro poético del reconocimiento de las estrellas y de las piedras trabajadas por las aguas de los ríos.

Búsqueda de pertenencia a una nación, a una cultura, a una comunidad que encuentra la nada, el aislamiento, la soledad, la incomunicación.

La tecnología no tiene sentimientos mide solamente el P.I.B. y apunta a los índices de pobreza o el número de muertos y descuartizados por la narco-guerra permitida e impuesta por Obama y Hillary Clinton. Representante del Council of Foreign Relations diseñado por Cecil Rhodes en 1890.

80 pobres latinoamericanos desempleados buscan empleo en el mercado global y son asesinados por los Zetas.

"A los días siguientes bajo el flujo de migrantes ¿Cómo conservar la fe, el entusiasmo y la serenidad en este universo de violencia y velocidad? ¿Dónde encontrar arenas tranquilas, sol esplendente y noches de luna llena?".[143]

Es difícil ser optimista cuando nos rodea la masacre, el feminicidio, la explotación sexual y el tráfico de órganos.

El Dr. Cesáreo Morales reconoce al pragmatismo como cálculo de COSTOS y BENEFICIOS reconoce el empirismo nos dice "el imperativo categórico abandona la razón al empirismo porque no alienta una acción que sea síntesis de lo particular y lo universal".[144]

Amargas conclusiones pero verdaderas, se ha perdido la identidad nacional y se refugia en lo efímero, en la avidez de novedades.

---

[143] *Ibid,* p. 165.
[144] *Ibid,* p. 173.

V. GLOBALIZACIÓN. ESTRUCTURAS CONCEPTUALES Y ESTRUCTURAS DE LA ACCIÓN SOCIAL

5.1 Concepto de globalización

Según Ulrich Bech en su libro *¿Qué es globalización?* Afirma: "la globalización es una lógica dominante que contiene en su seno una serie de lógicas complejas y multiculturales que interaccionan entre sí".[145]

La globalización es una serie de SISTEMAS, SUBSISTEMAS, TEORIAS Y ESPIRITUALIDADES que articulan, organizan, jerarquizan, justifican, verifican, validan el sistema de mercado, el nuevo orden internacional. El pragmatismo es el eje conceptual del nuevo orden internacional.

Estas estructuras conceptuales, sistemas, teorías y espiritualidades son como corrientes de pensamiento que se interactúan entre sí, se unen, se desunen, entran en contradicción en un juego dialéctico, en el flujo continuo de la experiencia. Estos juegos de lenguaje tienen un aire de familia, controlan el sistema del nuevo orden internacional o globalización. Aparecen como banda de Moebius en el *"www.nomos"[146]*; en las organizaciones corporativas y deliberativas; giros pragmáticos en el espacio y tiempo.

- EMPIRISMO
- UTILITARISMO
- PRAGMATISMO
- POSITIVISMO
- POSITIVISMO LÓGICO
- INFORMÁTICA
- CIBERNÉTICA Y ROBOTICA
- FORDISMO
- TAYLORISMO
- LIBERALISMO
- NEOLIBERALISMO
- REALISMO POLÍTICO
- KEYNESIANISMO
- DARWINISMO SOCIAL

---

[145] Ulrich Beck, *¿Qué es globalización?*, Paidós, Barcelona, 2010, p. 1.
[146] Nomos, ordenamiento que contiene leyes e instituciones, mercados, gobiernos, cultura y modo de producción de la riqueza [...] giro principal del torbellino de la globalización, cuyos tres grandes modos de funcionamiento son violencia, virtualidad y velocidad". *Cfr:* Cesáreo Morales, *¿Hacia dónde vamos?Silencios de la vida amenazada*, p. 164.

- PROTESTANTISMO
- ESTRUCTURAL FUNCIONALISMO

5.2 Empirismo

En el siglo XV y XVI en Inglaterra se desarrolló la manufactura en la cual el hombre de experiencia: el minero, el metalurgista, el campesino, el orfebre, el navegante, adquirieron valor y capital, propició un sistema de ACTITUDES y VALORES DE SOBREVALORACIÓN DE LA EXPERIENCIA.

Esta sobrevaloración de la experiencia, constituyó el eje del sistema de valores y actitudes del capitalismo inglés. La concepción filosófica, teoría del conocimiento o epistemología que concibe que todo conocimiento depende de la experiencia, surge en el momento de la Acumulación Originaria de Capital y se conserva hasta la actualidad.

La ruptura con la Santa Madre Iglesia Católica Romana generó un vacío conceptual, mismo que Francis Bacon sustituyó fundamentando el conocimiento basado en la experiencia, refutó a la metafísica, llamaba a los metafísicos, analistas de semillas de comino y derivó en su *Novum Organum*, nuevo fundamento del conocimiento dando lugar al empirismo.

El paradigma de la Teología y la Metafísica cuyo centro era Dios, lo sustituyó por una filosofía natural cuya mirada se dirigía a la naturaleza, es decir, los trabajos de Dios.

El empirismo es la teoría del conocimiento generada en el momento de acumulación originaria de capital, en Inglaterra.

Se genera un nuevo ideal de hombre, el hombre empírico aquel que aprende su oficio de la experiencia y desarrolla sus habilidades y aptitudes directamente de la observación y confrontación directa con la práctica.

El empirismo significó una necesidad de fundamentación teórica de los valores y actitudes, posteriormente se expresó en un sistema conceptual racionalizado en una teoría del conocimiento basada en la **observación de la experiencia sensible.**

- Recopilación y ordenamiento de fenómenos en grupos que presentan características comunes.
- Búsqueda de cualidades comunes que integran la diversidad, y se dan unidad conceptual.

El empirismo de Bacon es el intento de fundamentación del conocimiento científico a partir del **método inductivo.**

En el siglo XXI, toda proposición verdadera debe demostrar evidencia empírica en todos los aspectos del conocimiento.

5.3 Utilitarismo

El utilitarismo es una concepción filosófica, ética, política, económica que concibe que la felicidad es la utilidad, el placer, el beneficio, la ganancia, el interés. Pero ¿por qué cambió la filosofía moral del ascetismo propuesto por el cristianismo? Debido a la Revolución Industrial y a la gran producción de bienes materiales y servicios, Stuart Mill tuvo que girar a la filosofía moral y orientarla hacia la utilidad en primera instancia, el concepto de utilidad en la cultura anglosajona que va desde un útil, hasta Dios.

El utilitarismo es la concepción ética política dominante en el capitalismo que concibe la tríada: la felicidad, la utilidad y el placer como el fundamento de la moral.

> *El credo que acepta la utilidad o principio de la mayor felicidad como fundamento de la moral, sostiene que las acciones son justas en la proporción con que tienden a promover la felicidad e injustas en cuanto tiendan a producir lo contrario de la felicidad. Se entiende por felicidad el placer y la ausencia del dolor; por infelicidad, el dolor y la ausencia del placer*, afirma Stuart Mill en su obra "El Utilitarismo"[147].

El utilitarismo es la expresión filosófica de la Revolución Industrial producida en los siglos XVIII y XIX, que expresa el ímpetu del desarrollo técnico científico, la vehemencia del desarrollo económico y la transformación de la moral capitalista.

En este período las estructuras feudales entran en una de sus crisis más radicales y se estructura y consolida la ideología capitalista; en el área política con el **liberalismo**; en el área económica con la **economía clásica**; en el área de fundamentación moral con el **utilitarismo**. Teorías que conforman una estructura ideológica funcional. Entiendo por ideología, una unidad conceptual de la concepción política, económica, la teoría del conocimiento, la fundamentación moral y religiosa que organiza un sistema de prácticas y actitudes. Es decir, **el imaginario simbólico anglonorteamericano**.

El utilitarismo aparece formulado por John Stuart Mill en 1863. Este ha sido precedido por una serie de transformaciones mentales: el empirismo, el protestantismo, el evolucionismo y el positivismo.

---

[147] Elsa Martínez Ortiz, *El imaginario simbólico de la cultura anglonorteamericana*, p. 53.

El utilitarismo expresa la transformación de la concepción moral capitalista íntimamente relacionada al desarrollo técnico científico.

El aumento de población, la disminución de la tasa de mortalidad, el aumento de inventos técnicos en la industria textil y acerera y el aumento de capital constituyen algunos síntomas de la Revolución Industrial.

Por todas partes se advertía un aumento de la riqueza, el comercio y la industria, el crecimiento de la población y de la expansión colonial. Lenta en sus comienzos, la marcha del cambio económico llegó a ser precipitado en algún momento entre 1760 y 1780.

La Revolución Industrial produce una atmósfera diferente con la presencia de la máquina de vapor, de hilado de algodón de Hargreaves, Harkwright y Crompton, la fundición de hierro y acero con carbón mineral, la bomba de vapor, los hornos de acero, la turbina y la termodinámica. La incorporación de la producción masiva trae como consecuencia un cambio en el modo de vida austero, registrándose en la población condiciones que hacen posible un aumento de placer y entre los empresarios un aumento de utilidad ocasionados por la ampliación de la demanda de productos y servicios: El algodón, el trigo, el alcohol, el tabaco, cristalería, relojería, alfarería y transporte.

Se puede decir que el **espíritu capitalista** se expresa en al utilitarismo, que consiste en un nuevo sistema de valores y actitudes frente a la vida, organizados bajo el principio del placer. El concepto de felicidad abandona la vida *posmortum* y se reconcilia con el placer y la utilidad.

La Revolución Industrial transformó el modo de vida agrícola y feudal en modo de vida urbano industrial. Este nuevo modo de vida industrial urbano exigía una formulación diferente de la concepción moral, en la cual al organizar las relaciones sociales en el sentido más íntimo y subjetivo se introdujera una concepción del bien, se reconciliase con la utilidad, la productividad y la industria.

5.4 Pragmatismo

El pragmatismo es una escuela *filosófica* nacida en los Estados Unidos a finales del siglo XIX por Charles Sanders Pierce y William James. Se caracteriza por la insistencia en las consecuencias como manera de caracterizar la verdad o significado de las cosas. El pragmatismo se opone a la visión de que los conceptos humanos y el intelecto representan el significado real de las cosas y por lo tanto, se contrapone a las escuelas filosóficas del *formalismo* y el *racionalismo*. También el pragmatismo sostiene que sólo en el debate entre *organismos* dotados de *inteligencia* y con el ambiente que los rodea es donde las teorías y datos adquieren su *significado*. Rechaza la existencia de verdades absolutas, o lo que es lo mismo, significados invariables; las ideas son provisionales y están sujetas al cambio a la luz de la investigación futura.

El pragmatismo como corriente filosófica se divide e interpreta de muchas formas lo que ha dado lugar a ideas opuestas entre sí que dicen pertenecer a la idea original de lo que es el pragmatismo. Básicamente se puede decir que el pragmatismo se basa en establecer un significado a las cosas a través de las consecuencias; en juicios a posterioridad y evita todo prejuicio. Lo que se considere práctico o no, depende del considerar la relación entre utilidad y practicidad.

La palabra pragmatismo (pragmatism) proviene del vocablo griego πράγμα que significa "situación concreta". Para los pragmatistas la verdad y la bondad deben ser medidas de acuerdo con el éxito que tengan en la práctica. En otras palabras, el pragmatismo se basa en la utilidad, siendo la utilidad la base de todo *significado*.

Es llamado también Instrumentalismo, Operacionalismo y Falibilismo.

Un nuevo nombre para una vieja filosofía: el utilitarismo inglés de Stuart Mill. El pragmatismo es el utilitarismo inglés traído a suelo americano, según William James, la verdad depende de las consecuencias útiles en la acción, según Charles Sanders Pierce, el significado de una teoría depende de su capacidad explicativa y el significado de un concepto depende de su uso en la acción. El filósofo más importante del siglo XX, Wittgenstein fundamentó la filosofía del ANÁLISIS del lenguaje sin darle crédito suficiente a William James y Charles Sanders Pierce. Wittgenstein afirma que el significado de un concepto depende de su uso en un "juego de lenguaje".

El pragmatismo ha influenciado a la filosofía política del realismo político o *Real Politik*.

John Dewey, aplica el pragmatismo a la pedagogía, su propuesta en "Democracia y Educación" es *"aprender a aprender, aprender a hacer y aprender a ser"*, este paradigma pedagógico, se introdujo a la UNESCO y se universalizó sin que los usuarios supieran sobre su origen pragmático.

La pedagogía de John Dewey es llamada operacional, razón instrumental.

5.5 Positivismo

La Revolución Francesa es un proceso de surgimiento del estado moderno en el cual sustituyen al poder de la Santa Madre Iglesia Católica Romana por el poder del Estado; instauran un nuevo poder filosófico: *el positivismo*

¿Qué es el positivismo?... lo que no es negativo, ¿Qué es lo negativo?... el pasado (el ancien Régimen) y el futuro (el Socialismo utópico). Esta era la manera en que lo concebían.

¿Qué es lo positivo? La ciencia y la técnica como insumos del CAPITAL. EL NUEVO DIOS del capitalismo. Comte elevó a la ciencia al nuevo Dios del capitalismo.

5.6 Positivismo lógico o empirismo lógico

En Inglaterra, en Oxford y Cambridge, se reunieron los filósofos y matemáticos para elaborar una filosofía basada en la ciencia y en la lógica matemática.

Bertrand Rusell, decía: *El conocimiento deriva de la experiencia y/o de la lógica y si no, no es conocimiento.*

El positivismo lógico se caracterizaba por un rechazo a la metafísica y a la filosofía como el existencialismo.

Wittgenstein afirmaba que los problemas filosóficos, surgen cuando el lenguaje se va de vacaciones y no obedece las reglas.

El positivismo lógico desarrolla la lógica matemática, base de la INFORMÁTICA, CIBERNÉTICA y ROBÓTICA.

5.7 Informática

"La Informática es la ciencia aplicada que abarca el estudio y aplicación del tratamiento automático de la información, utilizando sistemas computacionales, generalmente implementados como dispositivos electrónicos. También está definida como el procesamiento automático de la información".[148]

Conforme a ello, los sistemas informáticos deben realizar las siguientes tres tareas básicas:

- Entrada: captación de la información.
- Proceso: tratamiento de la información.
- Salida: transmisión de resultados.

En los inicios del procesado de información, con la informática sólo se facilitaban los trabajos repetitivos y monótonos del área administrativa. La automatización de esos procesos trajo como consecuencia directa una disminución de los costes y un incremento en la productividad. "MÁXIMO DE BENEFICIOS MÍNIMO DE COSTOS".

En la informática convergen los fundamentos de las ciencias de la computación, la programación y metodologías para el desarrollo de software, la arquitectura de computadores, las redes de computadores, la inteligencia artificial y ciertas cuestiones

---

[148] Wikipedia.

relacionadas con la electrónica. Se puede entender por informática a la unión sinérgica de todo este conjunto de disciplinas.

Esta disciplina se aplica a numerosas y variadas áreas del conocimiento o la actividad humana, como por ejemplo: gestión de negocios, almacenamiento y consulta de información, monitorización y control de procesos, industria, robótica, comunicaciones, control de transportes, investigación, desarrollo de juegos, diseño computarizado, aplicaciones/herramientas multimedia, medicina, biología, física, química, meteorología, la ingeniería, arte, etc. Una de las aplicaciones más importantes de la informática es proveer información en forma oportuna y veraz, lo cual por ejemplo puede tanto facilitar la toma de decisiones a nivel gerencial (en una empresa) como permitir el control de procesos críticos.

Actualmente es difícil concebir un área que no use de alguna forma el apoyo de la informática. Ésta puede cubrir un enorme abanico de funciones, que van desde las más simples cuestiones domésticas hasta los cálculos científicos más complejos.

Entre las funciones principales de la informática se cuentan las siguientes:

- Creación de nuevas especificaciones de trabajo.
- Desarrollo e implementación de sistemas informáticos.
- Sistematización de procesos.
- Optimización de los métodos y sistemas informáticos existentes.

El vocablo informática proviene del francés *informatique*, acuñado por el ingeniero Philippe Dreyfus para su empresa «*Société d'lnformatique Appliquée*» en 1962. Pronto adaptaciones locales del término aparecieron en italiano, español, rumano, portugués y holandés entre otras lenguas, refiriéndose a la aplicación de las computadoras para almacenar y procesar la información.

Es un acrónimo de las palabras *information y automatique* (información automática). En lo que hoy día conocemos como informática confluyen muchas de las técnicas, procesos y máquinas (ordenadores) que el hombre ha desarrollado a lo largo de la historia para apoyar y potenciar su capacidad de memoria, de pensamiento y de comunicación.

En el Diccionario de la Real Academia Española se define informática como:

"Conjunto de conocimientos científicos y técnicas que hacen posible el tratamiento automático de la información por medio de ordenadores."

Conceptualmente se puede entender como aquella disciplina encargada del estudio de métodos, procesos, técnicas, desarrollos y su utilización en ordenadores (computadoras), con el fin de almacenar, procesar y transmitir información y datos en formato digital.

En 1957 Karl Steinbuch acuñó la palabra alemana *Informatik* en la publicación de un documento denominado *Informatik: Automatische Informationsverarbeitung* (Informática:

procesamiento automático de información). En ruso, Alexander Ivanovich Mikhailov fue el primero en utilizar *informatika* con el significado de «estudio, organización y la diseminación de la información científica» significado que continúa siendo en dicha lengua.

En inglés la palabra *Informatics* fue acuñada independiente y casi simultáneamente por Walter F. Bauer, en 1962, cuando Bauer cofundó la empresa denominada «Informatics General, Inc.» Dicha empresa registró el nombre y persiguió a las universidades que lo utilizaron, forzándolas a utilizar la alternativa *computer science*. La Association for Computing Machinerv, la mayor organización de informáticos del mundo, se dirigió a Informatics General lnc. para poder utilizar la palabra *informatics* en lugar de *computer machinery,* pero la empresa se negó. Informatics General lnc. cesó sus actividades en 1985 y para esa época el nombre de *computer science* estaba plenamente arraigado. Actualmente los angloparlantes utilizan el término *computer science*, traducido a veces como «Ciencias de la computación» para designar tanto el estudio científico como el aplicado; mientras que designan como *information technology* (IT) o data processing, traducido a veces como «tecnologías de la información» al conjunto de tecnologías que permiten el tratamiento automatizado de información.

Intereses originales en la teoría eran en gran parte teórica o aplicada a la telegrafía y la telefonía, y el desarrollo temprano agrupan en torno a los problemas de ingeniería en tales dominios. Filósofos están interesados principalmente en teoría de la información como una fuente para el desarrollo de una teoría semántica de la información y significado. La teoría matemática ha sido menos que se trate con los detalles de cómo un mensaje adquiere significado que se considera un problema fundamental de la comunicación - reproducción en el punto exacta o aproximada, un mensaje (que ya tiene un significado) seleccionado en otro punto. Por lo tanto, los dos intereses en la información - la matemática y la filosofía - se han mantenido prácticamente ortogonales.

5.8 Cibernética y robótica

La palabra **cibernética** proviene del griego κυβερνητική (kybernetiké) y significa "**arte de manejar un navío**", aunque Platón la utilizó en La República con el significado de "arte de dirigir a los hombres" o "arte de gobernar". Éste es un término genérico antiguo, pero aún usado para muchas áreas que están incrementando su especialización bajo títulos como: sistemas adaptativos, inteligencia artificial, sistemas complejos, teoría de complejidad, sistemas de control, aprendizaje organizacional, teoría de sistemas matemáticos, sistemas de apoyo a las decisiones, dinámica de sistemas, teoría de información, investigación de operaciones, simulación e Ingeniería de Sistemas.

La cibernética es el estudio interdisciplinario de la estructura de los sistemas reguladores. La cibernética está estrechamente vinculada a la teoría de control y a la teoría de sistemas. Tanto en sus orígenes como en su evolución, en la segunda mitad del siglo XX, la cibernética es igualmente aplicable a los sistemas físicos y sociales. Los sistemas complejos afectan y luego se adaptan a su ambiente externo; en términos técnicos, se centra en funciones de control y comunicación: ambos fenómenos externos e internos del sistema. Esta capacidad es natural en los organismos vivos y se ha imitado en máquinas y organizaciones. Especial atención se presta a la retroalimentación y sus conceptos derivados.[149]

Muchas personas asocian la cibernética con la robótica, los robots y el concepto de *cyborg* debido al uso que se le ha dado en algunas obras de ciencia ficción, aunque desde otro punto de vista, estrictamente científico, la cibernética trata acerca de sistemas de control basados en la retroalimentación.

Ciertas aplicaciones de la cibernética pueden presentar algunas desventajas, por ejemplo:

- La creación de máquinas complejas que reemplacen a los trabajadores provocaría un recorte de personal.
- En un futuro ya no se ocuparía personal "viejo" y contratarían técnicos jóvenes para el mantenimiento de las máquinas, como sucede en la Nueva Ley del Trabajo.
- Es una tecnología muy potente, pero su gran limitación es encontrar la relación máquina-sistema nervioso; ya que para esto se debería conocer el sistema nervioso perfectamente.

Algunas ventajas son:

- La reducción de las jornadas laborales, los trabajos complejos o rutinarios pasarían a ser de las máquinas. Además, la cibernética brinda un gran aporte al campo medicinal.
- Un conocimiento mayor de cómo funcionan los sistemas complejos pudiera llevar a la solución de problemas también complejos como la criminalidad en las grandes ciudades.

Algunas desventajas son:

- Falta de empleo a la población, a causa de que las máquinas realizarían un mejor trabajo que un humano. Pobreza global. Ocupa y desempleo.

- Reemplazo de mano de obra humana por mano de obra robótica. Cibernética y revolución tecnológica.
- La cibernética ha desempeñado un papel decisivo en el surgimiento de la actual revolución tecnológica, con Alan Turing, alumno de John von Neumann pioneros de la cibernética y precursores de la computadora y Claude Shannon alumno de Norbert Wiener con su Teoría de la Información.

El estudio de la comunicación y la manipulación de la información al servicio del control y la orientación de los sistemas energéticos biológicos, físicos o químicos. Históricamente, la cibernética se ha entrelazado con las teorías matemáticas de la información (comunicación) y la computación. Para describir las propiedades cibernéticas de sistemas o procesos que requieren maneras de describir y medir la información (reducir la incertidumbre) sobre los eventos del sistema y de su entorno. Comentarios, los ingredientes básicos de los procesos cibernéticos, implican información y son básicas para los procesos tales como la homeostasis en los sistemas biológicos, la automatización en la industria, y los sistemas de orientación. Por supuesto, su aplicación más amplia es la conducta intencional (pensamiento) de los sistemas cognitivos dirigidas a un objetivo como nosotros.

El gobierno global aspira a que cada elemento del sistema sea autónomo, se autogobierne y un individuo o máquina o animal debe ser auto regulado. Derivan del positivismo y del positivismo lógico. Cibernética y robótica son juegos del lenguaje subsistente, es de un mismo sistema que se interrelaciona entre sí formando el sistema de mercado global.

La lógica formal es una formalización de la lógica aristotélica. La Informática, la Cibernética y la Robótica, se desarrollan a partir del surgimiento de la lógica formal por George Boole, Bertrand Russell, Whitehead y Wittgenstein.

La comunicación tiene como objetivo informal controlar y manejar información a gran velocidad. La cibernética tiene como fin el autogobierno, autónomo, auto regulado, automatizado de sistemas. Es una tecnocracia que maneja mecanismos, auto regulado y autónomo.

El sistema es un mecanismo que se retroalimenta, se auto regula, se auto controla. En este sistema que mide al tiempo lo mide todo.

CRONOS- la medida del tiempo

LOGOS- la razón que ordena

CRONOS es la velocidad de la capacidad de procesamiento. CRONOS controla.

El sistema global se auto controla con un lenguaje computacional para manejar los intereses gubernamentales y extraer recursos naturales y plusvalía al mundo, a esto le llama DEMOCRACIA. El análisis de la cultura nos dice que la democracia es el bastón de apoyo para ejercer la coerción y el control de recursos de organización.

En Irak, un niño que había sido herido en la guerra, había perdido sus brazos y piernas, y decía "nadie soportaría esta montaña de dolor. Si esta es la democracia, no la quiero".[150]

En la Cibernética el que dirige el barco, meta, propósito, objetivo, tiene el poder. El que tiene información, tiene el poder.

Existe sinergia de funcionamiento integral para lograr equilibrio o el juego de equilibrio y desequilibrio; podríamos decir que es una familia funcional.

El análisis filosófico de la informática maneja información ÚTIL Y PRÁCTICA.

El análisis filosófico es una METATEORIA que analiza una serie de LÓGICAS, TEORIAS O ESPIRITUALIDADES DEL SISTEMA GLOBAL y su funcionamiento teórico práctico en el NUEVO ORDEN INTERNACIONAL para generar SINERGIA INTERNACIONAL.

El funcionamiento es un juego de lenguaje, es un plexo referencial de útiles y teorías a la mano. El nuevo Orden Internacional es el nuevo Logos Internacional, que conecta, la lógica, la informática, la cibernética y la robótica; es decir la CIBERCULTURA. Este conjunto de teorías, lógicas y espiritualidades, es un juego del lenguaje, es un plexo referencial de útiles. El "ser ahí" es un "ser en el mundo, un ser intramundano, su existencia define su esencia, su funcionamiento define su SER, no en el TOPUS URANUS.

El concepto de globalización es un concepto no en el TOPUS URANUS, sino en un CONCEPTO INTRAMUNDANO EN LA COTIDIANIDAD; uno que tiene sus consecuencias en la existencia humana, en la cotidianeidad en los diferentes plexos referenciales de útiles que estructuran la realidad en la que se mueven y son movidos la *upper class*, (clase alta) la *low class* (clase baja) y los *underground* (los marginados).

El ambiente en el que se desenvuelven las transnacionales es descrito por el rector de la empresa más grande del mundo MATSUSHITA ELECTRIC INDUSTRIAL.

Como el espíritu del hambre, (hungry spirit), no se refiere a un estómago o monedero vacío, explica MASAHARO MATSUSHITA, siendo la necesidad "de usar la sabiduría e inteligencia hasta sus máximos niveles" porque en el actual mercado de alta competitividad: *nuestro objetivo tiene que consistir en llegar al estrato más amplio, cuando hayamos llegado al ser el número 1 en Japón, entonces tenemos que aspirar a volvernos el número 1 en el Mercado global, una vez que hallamos alcanzado este nivel mundial, no podemos descansar tenemos que trabajar para ser aún mejores.*[151]

---

[150] Emisión televisiva.

[151]Stephan Heiz Dietrich, *"Globalización, educación, democracia* en América Latina" en Noam Chomsky y Heinz Dietrich, *La sociedad global*, Joaquín Mortiz, México, 2004, p. 52.

El mercado es un sistema de equilibrios y desequilibrios. El estado gobierna o por la fuerza militar, policiaca o parapoliciaca o por consenso mediante la democracia procedimental o el fantasma de la libertad.

Según Friedman el mercado se autoregula regulado por consenso y la política regula bajo coacción. El capitalismo según Von Hayek es un esclavismo disfrazado. Según yo, mientras más conozco la democracia, más amo a la tiranía. La democracia procedimental nos cuesta muchos millones sin fruto.

Cuando el estado keynesiano asigna presupuesto a una empresa o individuo ejerce un tutelaje y no los deja crecer.

La acumulación de capital tiene un hambre infinita, nunca se sacia.

El pensamiento neoliberal favorece el individualismo posesivo, el consumismo, el narcisismo, la era del vacío, el ocaso del deber o el imperio de lo efímero, según Lipovetsky.

La aldea global es un gran mercado, una maquinaria de mercado con diversos plexos referenciales de útiles: la oficina, el metro, la casa, el gimnasio, el restaurant, el tráfico, etc.

El hombre compra y vende, y se compra y se vende como mercancía. Esta aldea global es automatizada, auto regulada, cosificada, fetichizada y alienada generando un atontamiento generalizado.

El neoliberalismo puro y rampante agota los RECURSOS, impone la democracia o el fantasma de la libertad para extraer recursos naturales y plusvalía. El neoliberalismo genera la política del miedo norteamericana en CRISIS es un síntoma de la era del VACÍO.

El protestantismo en sus orígenes tenía energía pura, por lo cual produjo el ESPLENDOR NORTEAMERICANO.

El consumismo lleva a una degradación de valores culturales y el vacío espiritual mismo que necesita ser satisfecho con ALCOHOL Y DROGAS, de ahí el problema del NARCOTRÁFICO que no sanciona al consumidor, sino al distribuidor

Propongo integrar la: CULTURA, EDUCACIÓN, SOLIDARIDAD Y EL DESARROLLO SUSTENTABLE.

El estado global dicta las reglas. Los sistemas cibernéticos son AUTOREGULADOS la información es control. Si la información es un flujo libre, no es posible centralizar el control como fugas de información y entonces el sistema se colapsa.

El grupo de los 8 pretendió controlar y regular la información y la cibernética. El sistema general contiene cuatro subsistemas:

- **El biológico** que es la especie tipo organizada, la adaptación es la función que realiza y es realizada por el sistema económico.

- **El cultural** es el conjunto de normas, valores, lenguaje y símbolos compartidos, aceptados por la sociedad. Su función en el mantenimiento de las pautas, para que los individuos se ajusten a las expectativas del rol e internalicen los valores.
- **El social** está compuesto por las formas en que los individuos interactúan recíprocamente. La función primordial es la integración y supone la aceptación de las metas y las experiencias sociales.
- **Las entidades jurídicas** que tienen a su cargo esta función.

5.9 Fordismo

La caída tendencial de la tasa de ganancia, generó las crisis periódicas del capitalismo, lo cual tuvo como consecuencia que el capitalismo se orientara hacia la producción y el consumo intensivo (FORDISMO), o hacia la economía de guerra, como medio de continuar la producción al infinito, como forma de realización del capital. La productividad se intensifica. La maquinaria capitalista se caracteriza por imponer la violencia de un trabajo continuo en un tiempo de trabajo cronometrado, en el taller automático.

El *fordismo* ha sido la forma ultramoderna de producción y de modo de trabajo, tal cual es ofrecida por el tipo americano más perfeccionado: **La industria de Henry Ford**. El *fordismo* busca la MÁXIMA UTILIDAD como punto extremo de reiteradas tentativas realizadas por la industria para superar la ley tendencial de la caída de la tasa de beneficio. El *fordismo* es la institución arquetípica norteamericana.

Henry Ford, mecánico y supervisor de la Edison Iluminating Co., diseñó el auto que funcionaba con gasolina en sus dos modelos A y T, concebidos para que fuesen el coche más barato y fiable que pudiera venderse en la empresa.

"Nuestro propósito fue el de construir un automóvil especialmente diseñado para el uso y el desgaste diario […] un automóvil que pudiera alcanzar una velocidad suficiente para satisfacer al usuario medio".[152]

Bajo precio y durabilidad. El modelo T era más que un coche, era el vehículo que Ford creía que llevaría a la industria automotriz hasta la tierra prometida de la eficiencia y la utilidad.

"Crearé un automóvil para las multitudes. Será lo suficientemente grande para la familia, pero lo bastante pequeño como para que el individuo pueda mantenerlo y cuidarlo".[153]

---

[152] Elsa Martínez Ortiz, *Pragmatismo y american way of life*, p. 99.
[153] Idem.

Estará construido con los mejores materiales, por los mejores hombres que se puedan contratar en base a los diseños más sencillos que la ingeniería moderna pueda trazar.

Pero su precio será tan bajo que cualquier hombre que perciba un buen salario podrá adquirirlo y disfrutar con su familia la bendición de horas de placer en los grandes espacios abiertos de Dios.

El proceso de ensamblaje resultará laboriosamente largo. El estoicismo en la producción y el hedonismo en el consumo están planteados en los dos polos de un mismo proceso.

El concepto ya flotaba en el ambiente cultural, cuando Frederick Winslow Taylor, prominente científico industrial de la era y autor de los estudios de tiempos y movimientos, realizó el escrutinio de la fábrica para un incremento espectacular de la eficiencia. La mentalidad empresarial de Ford, imitó la práctica taylorista de la planta Studebaker, introdujo la línea de montaje en la fábrica Ford. Desde que vio Ford los transportadores, supo que la cadena de montaje era una herramienta que permitiría hacer realidad su obsesivo interés por mantener la producción, gracias a una disminución de los precios, con lo que llegaría a los estratos más profundos de la demanda. Los beneficios se elevaron abiertamente; en agosto de 1913 se necesitaba un promedio de doce horas y media de trabajo de un hombre para ensamblar un modelo T, al siguiente año después de que se instalaron las cadenas de montaje, sólo se precisaba una hora y media. MÁXIMA GANANCIA AL MENOR COSTO.

5.10 Taylorismo

El gran capital transformó la economía estadounidense. El diseño de la sociedad monopolista fue nutrido por la ciencia aplicada y la subdivisión y mecanización de los proceso manufactureros con base en el evangelio de la administración de empresas, según señala Noble en su libro *America by Design, Science, Technology and the Rise of Corporate Capitalism.*

> La primera fase se caracterizó por el hecho de conceder al rendimiento de los obreros en el trabajo la misma atención meticulosa que desde hacía tiempo se venía prestando a las máquinas. El "elemento humano" de la producción se descompuso científicamente en sus más pequeños componentes, despojando a los obreros de su destreza técnica y conocimientos prácticos tradicionales para acoplarlos, luego de manera más eficiente a través del medio maximizador de beneficios que es el capital".[154]

---

[154] Elsa Martínez Ortiz, *Pragmatismo y american way of life*, p.109.

Esta sociedad tecnológica, materialista, presionada por el tiempo y fragmentada, se ve como el inevitable subproducto de la "máquina" en la vida moderna, su alcance es internacional y sus características negativas son el inevitable precio pagado por una vida confortable.

"En la modernidad el desarrollo de la industria y la tecnología moderna altamente desarrollada, han creado una especie de cultura universal marcada, tanto por los beneficios de la producción masiva, como por la carga de alienación, despersonalización, especialización excesiva y burocratización".[155]

La esencia de la administración científica moderna es la técnica de administrar, gobernar y controlar cada acto del operario, cada movimiento, todos los instantes de su vida en el trabajo, en el hogar, en el deporte, en la vida cotidiana, en vacaciones, en fin.

La administración se transforma en una diversidad de técnicas, tecnologías del YO que conforman, diseñan la personalidad media del YO impersonal, de lo uno heideggeriano, estructurado, como un sistema de organización científica industrial. Sistema de optimización de herramientas, métodos, ajustes organizacionales, diseñados por Taylor para aumentar la eficiencia y velocidad de la producción de máquinas.

El diseño del plexo referencial de útiles bajo el criterio de la racionalidad tecnológica, obra de la ingeniería industrial, es simultáneamente el diseño de la cotidianeidad desde el cual los hombres se mueven y son movidos, como si fueran obras de máquinas. Afirmaba Francis Bacon en *Novum Organum*.

La misión del capitalismo actual es crear productos de alta calidad a los costos más bajos, lograr la más alta competitividad para ir conquistando cada día nuevos mercados y para ello es necesario usar la sabiduría, la inteligencia y la creatividad de cada uno hasta sus máximos niveles, tanto en el trabajo físico como en el trabajo intelectual. Así se define el espíritu del hambre, el espíritu expansivo de la mentalidad capitalista de querer ser el número uno en un determinado campo, es el motor ideológico del proceso de expansión continuo de los grandes monopolios transnacionales, entidades que se reproducen exponencialmente como un cáncer por todas las latitudes del planeta. Este es su objetivo, ésta es su política.

---

[155] José Ángel Hernández Flores, *Globalidad y filosofía. El concepto gramsciano del hombre y la aldea global*, México, Facultad de Filosofía y Letras, México, 2001, p. 22.

5.11 Liberalismo

"El liberalismo es una de las estructuras conceptuales más importantes en la cultura moderna occidental. Es la concepción económica, ética, política, que fundamenta al capitalismo cuyos principios generales son el derecho a la vida, la libertad y la propiedad privada; concibe al individuo como valor principal y supone que todo individuo busca y tiende al máximo placer y utilidad".[156]

En esta tesis se advierte una relación muy importante entre liberalismo, pragmatismo y utilitarismo.

El ciudadano globalizado, busca su máximo beneficio y su máxima libertad.

> *Liberalism, a political philosophy frat formulated during the Enlighment in response to the growth AL modern nation states, cultural centralize governmental functions and claim sole authority. To excuse coercive power with him there authority to excuse coercive powers with him their boundaries.*[157]

"El liberalismo es una filosofía política formulada durante la Ilustración en respuesta al descuerdo de los estados modernos, que centralizan las funciones gubernamentales y aspiran a la autoridad de ejercer poder coercitivo dentro de ciertos límites".

5.12 Neoliberalismo

El liberalismo es el sistema político económico en que el resultado se determina a través de la interacción de personas que persiguen sus propios intereses individuales, entendidos con criterio amplio, en vez de los objetivos sociales que los participantes juzgan ventajoso enunciar".[158]

---

[156] Elsa Martínez Ortiz, *Liberalismo y neoliberalismo*, Torres Asociados, México, 1996, p. 11.
[157]*Ibid*, p. 52.
[158]David L.Sills, *Enciclopedia internacional de ciencias sociales*, Aguilar, Madrid, 1975, p. 201.

El Neoliberalismo se plantea reducir el Estado Nación, **El paradigma Monetarista** aumenta o regula el flujo monetario para determinar inflación, equilibrio, desempleo, empleo, subempleo, pleno empleo o sus variables.

En el **Paradigma Ofertista** el neoliberalismo se propone dar ofertas al capital, o políticas para los más favorecidos con el objeto de que las ganancias se filtren hacia abajo, Vieja fórmula REPUBLICANA.

La función esencial del Estado es la protección de la vida y la propiedad, la propuesta de Robert Nozik es "la creación de un Estado mínimo que funcione como asociación de servicios de protección o asociación en la sociedad de mercado que venda servicios de protección al igual que cualquier otro servicio o asociación en la sociedad de mercado. Podemos proceder para nuestros propósitos diciendo que una condición necesaria para la existencia del Estado, es castigar al máximo de su habilidad a todos los que descubra, por haber usado la fuerza sin permiso".[159]

5.12.1 Paradigma del libertarismo

Los libertaristas conciben que la libertad es el máximo valor económico-político y filosófico. Los libertaristas le critican al igualitarismo que al promover la igualdad, se limiten otros derechos, por ejemplo, la libertad económica y la libertad de herencia.

Los igualitaristas con objeto de evitar la desigualdad, prefieren la disminución de la libertad de propiedad, comercio e intercambio. Los libertaristas prefieren la libertad económica con distribución desigual, excepto si causa daños. Una distribución desigual de beneficios es buena siempre y cuando no infrinja los derechos civiles.

5.12.2 Paradigma del igualitarismo

"Las cosas debieran orientarse, ordenarse de modo tal que condujeran al mayor bien posible".[160]

Así se lleva a cabo el sueño de Kant: la reconciliación del interés individual y el interés colectivo; el ideal de Adam Smith: la armonía preestablecida por la mano invisible de las

---

[159]Robert Nozik, *Anarchy, state and utopia*, Basil, Blackwell,Oxford, 1981, p. 27.

[160] Enciclopedia Americana Enciclopedia, Americana Corporation, 1979, Connecticut, T. 23, p. 407. Nozik, Robert Anarchy, *State and Utopia*, Oxford, Basil, Blackwell, 1981, p. 27.

leyes de la oferta y la demanda; el deseo de Stuart Mill: de que el bienestar individual lleve consigo el bienestar social y el ideal de John Rawls: es el de integrar la tradición de justicia e igualdad social.

> En la distribución más igualitaria se maximiza la suma de ventajas, el mayor balance de satisfacción. El individuo racional maximiza la satisfacción de deseos bajo el velo de la ignorancia, el individuo organiza sus deseos en función de los deseos ordenados de todas las personas en un sistema coherente de deseos.[161]

En su "Teoría de la Justicia" John Rawls propone diseñar una sociedad en la que el diseñador se pusiera un velo de la ignorancia y éste no sabría en qué situación le tocaría estar, entonces trata de diseñar un modelo justo para todos.

Existe una política de liberalismo social en la que se dan estímulos para los menos favorecidos con el fin de equilibrar el funcionamiento de la sociedad en general. Esta es la POLÍTICA DEL ESTADO DE BIENESTAR O WELFARE STATE.

5.12.3 Paradigma utilitarista

El paradigma utilitarista concibe que la utilidad es el valor más importante. Una cierta propensión de la naturaleza humana que aspira a una utilidad mayor.

La crítica al utilitarismo es que éste sólo se preocupa por la suma total de beneficios, nunca por su distribución. Así el interés individual entra en conflicto con el interés social, según Daniel Bell "el bien público es imposible".[162]

La globalización ha aumentado la brecha en la distribución de la riqueza, la explotación y la desigualdad.

El neoliberalismo de Milton Friedman pregona:

> Es natural aceptar que alguien debe de dar órdenes para asegurar que se fabriquen los productos adecuados en las cantidades precisas para estar disponibles en los lugares necesarios este es un método utilizado para coordinar las actividades de gran cantidad de personas; es el que emplea

---

[161]Nozik, Robert Anarchy, *State and Utopia*, Basil, Blackwell, Oxford, 1981, p. 60.
[162] Daniel Bell, *Contradicciones del capitalismo,* Edit. Alianza, Madrid, 2006, p. 1.

el ejército. El general da orden al coronel. El capitán las transmite al teniente, este es a su vez, al sargento y el sargento al soldado raso".[163]

El Neoliberalismo se aplicó en América Latina, Europa y África generando tasas de desempleo muy altas y aumento de la pobreza mundial.

5.13 Realismo político

Desde un vegetal o protozoo hasta una nación, busca su máximo de placer y su mínimo de dolor. El pragmatismo es un ARQUETIPO se desenvuelve muy cerca de la biología, decía Francis Bacon "para dominar a la naturaleza, hay que obedecerla".

El imperio norteamericano e inglés busca su MÁXIMO BENEFICIO Y MÍNIMO DE COSTOS, se apoderaron del NUEVO ORDEN INTERNACIONAL y diseñaron una serie de LÓGICAS, teorías, ciencias y espiritualidades que CONSTITUYEN LA GLOBALIZACIÓN y son compartidas por otras potencias.

Es muy probable que *Política entre las naciones* sea la obra que más ha influido en la teoría y la práctica de las Relaciones Internacionales, a partir de la Segunda Guerra, particularmente en los Estados Unidos, país donde se publicó por primera vez en el año 1984 y para el que fue destinado.

Resulta prácticamente imposible encontrar un libro de teoría de las relaciones internacionales o de política exterior norteamericana donde no aparezca citada.

El Realismo Político es una CONCEPCIÓN ANTROPOLÓGICA y una TEORÍA DE LAS RELACIONES INTERNACIONALES.

Estados Unidos es la potencia más poderosa de todos los tiempos.

Morgenthau escribió su obra para los diseñadores de la política exterior norteamericana enmarcado todavía en el AMERICAN DREAM.

El realismo político es una teoría de la política Internacional que afirma que entre las naciones, toda nación busca:

Aumentar poder

---

[163] Rose Friedman Milton, *La libertad de elegir*, Edit. Planeta Agostini, Barcelona, 1980, p. 25.

Conservar poder

o

Demostrar poder

Y exponer también, los límites en el ejercicio del poder.

"El realismo político supone que la política, al igual que toda la sociedad, obedece a objetivos que arraigan en la naturaleza humana".[164]

Hans Morgenthau traduce el pragmatismo a la filosofía política de la *Real Politik*.

"El elemento principal que permite al realismo político encontrar su rumbo en el panorama de la política internacional es el concepto de interés definido en términos de poder".[165]

Interés, beneficios, estos conceptos o categorías centrales del realismo político lo vinculan profundamente con el utilitarismo inglés, también lo vinculan con el empirismo de Francis Bacon quien escribe, "mostraré a las cosas abiertas y desnudas" y con Hobbes "Homo homini lupus est". *El hombre es el lobo del hombre.*

El realismo supone que su concepto clave de interés definido como poder es una categoría objetiva de validez universal, pero no otorga al concepto un significado inmutable".[166]

Esto permite a la política exterior norteamericana moverse hacia nuevos horizontes.

El Realismo Político conoce el significado moral de la acción política, también toma conciencia de los preceptos morales y los requerimientos de una exitosa acción política. "Tampoco pretende eludir ese conflicto".[167]

Reconoce el conflicto entre moral y política a la manera de Maquiavelo. El Realismo Político se niega a reconocer los preceptos morales y los principios morales que gobiernan al universo.

A la manera de Maquiavelo, elimina a la moral de la esfera POLÍTICA.

---

[164]Hans Morgenthau, *Política entre las naciones, la lucha por el poder y la paz,*Grupo Editor Latinoamericano, 6ª edición, Buenos Aires, 1995, p. 8.
[165]*Ibid,* p. 13.
[166]*Ibid,* p. 19.
[167]*Ibid,* p. 15.

El realismo político reconoce el interés definido y el beneficio de cada nación como su "leit motiv".

Hans Morgenthau es el padre del realismo internacional. Morgenthau trae consigo la tradición del racionalismo instrumental procedente de Max Weber y las une al pragmatismo de William James y John Dewey, se orienta hacia la voluntad de poder, el conflicto, el equilibrio y la normatividad posible, centra su teoría en la NOCIÓN PRAGMÁTICA DEL INTERÉS y EL PODER. Morgenthau impone orden intelectual, racional y disciplina a los intelectuales.

La idea de que los principios racionales abstractos "deben reemplazarse por la decisión pragmática ante los eventos políticos".[168]

Funda la geopolítica Harvardiana en la cual se educa Kissinger y los filósofos de la guerra fría o postguerra.

El pragmatismo no acepta principios generales sino valora la capacidad y fuerza del instrumento que lo ejecuta. La geopolítica se basa en la fuerza y la competencia de los sistemas de poder.

Por ejemplo: Obama envía dos misiles a Siria y Putin los rebota y los arroja al mar, Estados Unidos es el imperio militar con mayor poderoso, sin embargo no puede desprecia el poder tecnológico militar del otro bloque por muy disminuido que parezca.

Un sistema internacional de Estados supone una mera convivencia mecánica porque el Estado porta en sí mismo los gérmenes del conflicto al margen de las causas y los referentes estructurales de la desigualdad y la explotación. Hans logra fundar en su raíz hobbesiana el Estado y el Estado liberal de derecho, aunque aquel sea fuerte y éste frágil, los barruntos de guerra se desprenden casi naturalmente del orden estatal mundial que sólo disfraza el caos subyacente con la coexistencia precaria de las soberanías.

Seguridad Nacional es el objetivo final de la geopolítica y su método son las revisiones continuas de la política (policy) bajo la sabiduría política más que por principios y convicciones morales. Morgenthau "se planteó la unificación del mundo, a partir de un gran número de pequeñas soberanías podía ser unido mediante la diestra manipulación de la mecánica de la acción política por cualquiera de esas pequeñas soberanías".[169] Afirma José Luis Orozco en su libro Pragmatismo e inteligencia *Política global*.

El Nuevo Orden Internacional de las Ligas de las Naciones solo se puede dar a punta de ballonetas.

Según Hans Morgenthau todas las naciones buscan:

---

[168]*Ibid,* p. 23.
[169]José Luis Orozco, *Pragmatismo e inteligencia política global,* Universidad Autónoma Metropolitana, México, 2000, p. 45.

1. Aumentar poder
2. Conservar poder
3. Demostrar poder

Estados Unidos declara conservar poder y lo que hace es aumentar poder. Máximo poder al menor costo.

5.14 Keynesianismo

Cuando hay crisis se rompe el ciclo de **producción, distribución y consumo**. El estado debe intervenir para otorgar dinero circulante a los trabajadores y reciclar el consumo. Estos es una expresión del **utilitarismo social: el estado debe buscar el mayor beneficio del mayor número.**

Los norteamericanos permanecen emocional y psicológicamente muy afianzados al concepto keynesiano de Estado de bienestar. Por ejemplo: desde la Segunda Guerra Mundial el pueblo interpretó la contienda de la Guerra Fría con la Unión Soviética como una lucha entre dos modos antitéticos de organización social, uno en base del principio de la libre empresa y libertad para escoger la democracia; el otro sobre la teoría colectivista, la coerción y los derechos supremos del Estado sobre aquellos del individuo. A partir de la evidencia registrada en el respectivo desempeño y funcionamiento de éstos, pocos estadounidenses dudaron sobre cuál de los dos sistemas era superior y cuál de los dos ganaría esta contienda global. Sin embargo, una mezcla fina y silenciosa de capital social corporativo se combina con un feroz individualismo. Por ejemplo: el sistema de plantación por medio de la esclavitud del Sur, contravenía a un número de principios capitalistas, así mismo la intervención del Estado en el rescate de la "General Motors" en tiempo de Obama.

Desde una fecha inicial fue **axiomático** que uno de los objetivos principales del Departamento de Estado era crear nuevas oportunidades para las empresas y el comercio norteamericano en el extranjero. Hasta la Segunda Guerra Mundial quizá muchos estadounidenses vieron esto como el *único* propósito valedero de este Departamento. Se creó un Consejo de Relaciones Exteriores en combinación con el English Council of Foreign Relations (Relaciones exteriores) para propiciar la expansión anglonorteamericana.[170]

Otros desarrollos como la apertura de las tierras del Oeste para asentamientos privados y propiedades, la asistencia gubernamental para fomentar inventos, la tremenda asistencia de parte de los estados y del gobierno nacional en la interpretación de la red ferroviaria de la nación y el establecimiento del sistema de concesión de tierras para las universidades y

---

[170] Carroll Quigley, *Anglonortheamerican Establishment*, Books In Focus, New York, 1981, p. 125.

colegios con el propósito específico de beneficiar la agricultura norteamericana, contribuyeron al surgimiento de una especie distintiva del capitalismo en el norteamericano.

El apogeo del individualismo económico robusto a finales del siglo XIX, fue seguido por un periodo de adaptación y nuevas relaciones entre el gobierno y las empresas. Este proceso comenzó con el presidente Roosevelt y continuó con el presidente Wilson antes y después de la Primera Guerra Mundial y desde luego implicó cambios de largo alcance en la naturaleza del capitalismo norteamericano; es necesario hacer solamente una observación sobre estas innovaciones:

La lucha entre las dos líneas de aviación "Pan Am" y "United Airlines" en varios sectores principales de la empresa económica, implicó la creación de un reglamento en las políticas y actividades de los carteles y otras combinaciones empresariales, reconociendo y protegiendo los derechos laborales, mejorando las condiciones de niños, mujeres y del trabajador en general y haciendo que se cumplan las normas en la producción de alimentos, drogas y otros bienes de consumo. Se confió en el poder del gobierno nacional para que hiciera de las prácticas empresariales una actividad para el bienestar general. En muchos casos, como fue en las más estrictas regulaciones gubernamentales hacia los monopolios, el estímulo para estas innovaciones provino con frecuencia de organizaciones de empresas y portavoces que urgieron a los dirigentes políticos que los defendieran contra las prácticas empresariales perjudiciales o injustas por competidores más poderosos.

5.15 Darwinismo social

Siempre se le ha dado a Darwin el crédito por la frase de la supervivencia del más apto, no obstante, consideraba que no se podía extender la teoría de la evolución de las especies y la lucha por la supervivencia a la sociedad.

Encontramos en numerosos casos el Darwinismo como concepción de la lucha entre las razas superiores y las razas inferiores y la justificación de la dominación de una raza sobre otra. El Darwinismo ha derivado en políticas ideológicas conservadoras a buscar medios de naturalizar la desigualdad humana, el racismo y el clasismo. Así como en el trabajo de Spencer tomó también un significado político.

"El crecimiento de un negocio es simplemente la supervivencia del mas apto. La rosa *American Beauty* sólo puede alcanzar el máximo de su hermosura y el perfume que nos encanta si sacrificamos otros capullos que crecen en su alrededor. Esta no es una tendencia malsana del mundo de los negocios, sino solamente la expresión de una ley de la naturaleza y una ley de Dios." Afirma John D. Rockefeller.

Los indios son seres inferiores y su eliminación no es un delito, sino una selección natural que concibe el darwinismo social.

El darwinismo apoya al capitalismo radical, al racismo, al belicismo, al colonialismo y al neo-imperialismo. El darwinismo social es una posición conservadora cuyo centro ideológico es la conservación de valores de trabajo duro, orden social y diferencias sociales clara y competitiva.

El Darwinismo se aplicó a la sociedad inmediatamente, lo cual generó que se pensara que unas razas eran más aptas para sobrevivir que las otras, creyeron que unas razas eran superiores a las otras, lo cual derivó en racismo, todas estas ideas se derivaron del pensamiento de Spencer.

R. Weikart en su libro *Was Darwin or Spencer laissez-faire Social Darwinism?* sostiene que no hay duda que Hitler fue un darwinista social viendo a la historia como una lucha por la existencia entre razas desiguales y esto también lo usó el imperialismo.

5.16 Protestantismo

El protestantismo en Estados Unidos ha actuado como organización política.

El estadounidense se siente en unidad con Dios. "La libertad en el contexto de la religión americana, significa, estar solos con Dios".[171] La esencia de lo americano se basa en la creencia de que Dios te ama, de manera personal y única.

El estilo de la democracia y la construcción de la hegemonía norteamericana está basada en esta idea. El destino manifiesto y la doctrina Monroe expresan el sentido de que Estados

---

[171] Harold Bloom, *La religión americana*, Ed. Santillana, Madrid, 2006, p. 11.

Unidos es el pueblo elegido por Dios para llevar las ideas de democracia y el liberalismo clásico.

"Soy divino, Dios actúa a través de mí, habla a través de mí, o miraos a vosotros, cuando también pensáis como yo ahora pienso".[172] Afirmaba Emerson en su discurso de Teología en 1838.

La religión americana lo invade y lo inunda todo aunque esté disimulada. La religión es un triunfo de la imaginación, radica en descubrir nuestra propia gracia, Dios comparte nuestra alegría y nuestro sufrimiento. Dios comparte el misterio del alma, su belleza y su severa armonía.

> Somos una cultura religiosamente desaforada, que busca insistentemente el espíritu, pero cada uno de nosotros es sujeto y objeto de esa búsqueda que va en *pos* del yo original, una chispa o un aliento que hay en nosotros y que se remonta, estamos convencidos de ello, a un período anterior a la creación".[173]

La imaginación para captar la belleza del Universo, el milagro de ver un trébol que florece, la lluvia que cae, las flores silvestres, las nubes que se mueven en el espacio celeste, el sol y la luna. La religión, por tanto, como yo ahora les pido arbitrariamente que la acepten, significará para nosotros los sentimientos, actos y experiencias de los individuos en soledad, en la medida en que se ven a sí mismos, en relación a cualquier cosa que consideren la divinidad.

Puesto que esta relación puede ser moral, física o ritual, es evidente que de esa religión en el sentido en que la consideramos, pueden surgir de manera secundaria teologías, filosofías y organizaciones eclesiásticas. Como ya he dicho, las experiencias personales y sin mediación ocuparán ampliamente nuestro tiempo y apenas consideraremos la teología o lo eclesiástico.

Según William James, la experiencia religiosa es la fundamental, más que el conjunto de dogmas. Los elementos cruciales que definen lo americano es la soledad, la individualidad y el pragmatismo de sentimientos, actos y experiencias, más que los pensamientos, deseos y recuerdos. La conciencia cuando se centra en el YO es fe. El creyente regresa al abismo del éxtasis con el YO fortalecido y todo lo demás devaluado.

La fe nacional radica en lo divino, lo trascendente, lo espiritual. Esta fe nacional es misteriosamente dominante.

---

[172]*Ibid,* p. 18.
[173]*Idem.*

El Ethos, los hábitos del corazón se centran en el individualismo, amarnos y ser amables con nosotros mismos. La religión Americana ha comenzado a abandonar la manera de pensar o sentir protestando, nueve de cada diez personas aman a Dios, Estados Unidos había comenzado siendo europeo y venerable y luego se volvió novedoso y juvenil".[174]

Ahora se convierte en cruzadas fantasiosas como el nuevo orden mundial de George Bush.

"Nuestra primera guerra contra Irak fue una auténtica guerra religiosa, aunque en ella no participaba espiritualmente el islam en ninguno de los dos bandos.

Fue más bien la guerra de la religión americana y de la religión americana en el exterior, incluso entre nuestros aliados árabes contra todo aquello que niega la categoría y **la función del yo como auténtico parámetro del ser del valor**".[175]

La guerra Santa fue una guerra por el petróleo y por el control estratégico de la zona, murieron 100 000 iraquíes civiles y militares y 5000 estadounidenses militares.

5.17 Estructural funcionalismo

Estructural Funcionalismo es un enfoque de las ciencias sociales. Contempla la sociedad como una totalidad estructurada o una estructura social cuyos elementos son interdependientes entre sí, cada uno tiene una función. La teoría busca el equilibrio del sistema, si uno de los elementos es disfuncional, afecta al sistema.

Emile Durkheim generó esta teoría, Bronislaw Malinowski desarrolló la antropología social y Regional. Talcott Parsons lo aplicó a la sociología de la cultura.

El de personalidad es el conjunto de motivaciones y orientaciones de la acción de los individuos.

---

[174] Harold Bloom, *La religion americana,* p. 11.
[175] *Ibid,* p. 27.

Su función es el logro de metas o fines. Intenta coordinar las motivaciones para alcanzar objetivos sociales. Las unidades que pueden canalizar las aspiraciones de los individuos son las instituciones políticas. Esta visión contempla a la sociedad como un conjunto de LÓGICAS, TEORÍAS QUE INTERACCIONAN ENTRE SÍ, PARA LOGRAR EL EQUILIBRIO DEL SISTEMA.

> Cierto que este estudio no se ha ocupado de las teorías sólo en cuanto fenómenos empíricos. Ha realizado también alguna teorización explícita por su propia cuenta. Pero de acuerdo con la visión de la ciencia aquí mantenida, no sólo sucedió que esto está bien, sino que es completamente indispensable. Los hechos no cuentan su propia historia. Deben ser cuidadosamente analizados, sistematizados, comparados e interpretados.[176]

El método del estructural funcionalismo es la observación de la experiencia, combinada con el análisis, sistematización, comparación e interpretación. Excelente método.

---

[176] Talcott Parsons, *La estructura de la acción social*, Ediciones Guadarrama, Madrid, 1968, p. 850.

VI. CONCLUSIONES

CONCLUSIONES

He logrado demostrar las hipótesis planteadas:

1. El pragmatismo es la filosofía dominante en el nuevo orden internacional.

2. La globalización es una serie de SISTEMAS, SUBSISTEMAS, TEORÍAS y ESPIRITUALIDADES que articulan, organizan, jerarquizan, justifican, verifican, validan el sistema de mercado o el nuevo orden internacional.

En el escenario capitalista global, después de la caída del Muro de Berlín hay un reordenamiento de la estructura bipolar a una estructura multipolar con hegemonía estadounidense, mis hipótesis han sido: el pragmatismo es la filosofía que articula, legitima, organiza, fundamenta el nuevo orden internacional.

La globalización es la fase superior del imperialismo, es una serie de lógicas, teorías y espiritualidades que organizan el nuevo orden internacional.

Según Ulrich Beck, en su libro *¿qué es globalización?* Afirma: "La globalización es una lógica dominante que contiene en su seno una serie de lógicas complejas y multiculturales que interaccionan entre sí".[177]

Mi objetivo ha sido el análisis del pragmatismo y su influencia en el nuevo orden internacional.

El primer capítulo cumple una doble función en nuestra investigación por un lado se introduce gradualmente en el escenario político internacional del mundo global y su relación con el pragmatismo.

En el segundo capítulo expliqué qué es el pragmatismo.

El pragmatismo es una concepción del mundo, o sea una filosofía que se pone en práctica en la vida cotidiana. El significado de un concepto depende de su uso en la acción, de sus consecuencias en la acción, de su utilidad y de sus efectos prácticos. Es decir, los hábitos y costumbres del ciudadano medio están permeados por esta concepción de la verdad.

Es una concepción filosófica que concibe que la verdad depende de su uso en la experiencia, de su utilidad.

---

[177] Beck Ulrich *¿Qué es Globalización?*, p. 8.

El pragmatismo es un sistema de actitudes y valores.

Es la estructura conceptual que organiza una serie de lógicas, subsistemas, teorías y espiritualidades, donde todo el sistema de mercado busca MÁXIMO DE BENEFICIOS, MÍNIMO DE COSTOS.

EL PRAGMATISMO, SUS USOS Y SIGNIFICADOS

1. Una filosofía epistemológica que recoge la tradición empirista fundada en la experiencia

2. Una filosofía ética, política y económica que recibe la tradición Inglesa utilitarista y su concepción de la felicidad y el bien, basado en la utilidad

3. Una filosofía que se vincula con el positivismo, al aceptar la valoración de los hechos y la ciencia

4. Una filosofía que abre su concepción hacia el conocimiento derivado de la experiencia y de la lógica, en el positivismo lógico.

5. Organización del Fordismo y Tayotismo en su búsqueda de máximo beneficio, mínimo de costos, dirigidos por el espíritu del hambre

6. El pragmatismo es una filosofía transparente, plástica, maleable, se aplica tanto en Estados Unidos, como en la ex Unión Soviética, en Japón, en China y en los países periféricos.

El pragmatismo es un concepto polisémico que comprende desde:

- Un conjunto de actitudes y valores
- Un modo de actuar que organiza un estilo de vida el "American way of life"
- Una teoría del conocimiento que influenció a Wittgestein y el análisis del lenguaje
- Un método para clarificar ideas
- Una filosofía que se aplica a las relaciones internacionales en el realismo político
- Una concepción de la religión como experiencia religiosa

En el capítulo tres analicé la influencia del pragmatismo en el expansionismo norteamericano y la construcción de su hegemonía, mostrando la presencia de diferentes teorías y filosofías que lo han constituido:

- LIBERALISMO CLÁSICO, TEORÍA DE LA FRONTERA, EMPIRISMO, UTILITARISMO, PRAGMATISMO, DARWINISMO, PROTESTANTISMO, INDIVIDUALISMO.

Demostré el espíritu pragmático de Jefferson (aún antes de la expresión filosófica por William James y Charles Sanders Pierce)

Demostré que la política de Roosevelt aplica un feroz darwinismo, Roosevelt justificó la invasión de los nórdicos considerada raza superior con respecto a los mexicanos, raza inferior.

Demostré la aplicación del realismo político o pragmatismo, o real politik.

Estados Unidos aparece como en defensa de su *status quo* siempre, así lo conceptua Hans Morgenthau en el REALISMO POLÍTICO o REAL POLITIK.

El expansionismo norteamericano, disfrazado de neutralidad ideológica, la política de espera paciente o bien la política de Seguridad nacional o continental es pragmática debido al cálculo de las consecuencias útiles para Estados Unidos, ya sea en la guerra de Texas, la guerra con España, la guerra de Filipinas, 1ª y 2ª guerra Mundial, la guerra de Corea, la guerra de Vietnam y la guerra de Afganistan e Irak.

La doctrina Monroe y el Destino Manifiesto es el imaginario simbólico estadounidense para declarar y decretar que son el pueblo elegido por Dios para dominar toda América e imponer el liberalismo y la democracia en todo el planeta.

La doctrina Monroe es una apropiación lingüística y fáctica de América por parte de los Estados Unidos de Norteamérica para extraer recursos naturales y plusvalía tal como aparece en las Venas Abiertas de América Latina de Eduardo Galeano, lo cual demuestra una política exterior pragmática. Máximo de beneficio, Mínimo de costos.

El destino manifiesto combina LIBERALISMO HOBBESIANO, LIBERALISMO LOCKEANO y PROTESTANTISMO. Dios eligió al pueblo norteamericano para ordenar y organizar al mundo bajo el modelo del LIBERALISMO.

En el cuarto capítulo exploré la relación entre pragmatismo y el nuevo orden internacional, en el quinto capítulo hago una reconstrucción de las teorías que articulan la red conceptual de la globalización en nuestra investigación, por un lado se introduce gradualmente en el escenario político internacional del mundo global y su relación con el pragmatismo.

Elaboré la reconstrucción teórica de los fundamentos filosóficos y culturales de la globalización.

Demostré la reconstrucción teórica de los fundamentos filosóficos del capitalismo norteamericano. Así como un análisis crítico del andamiaje conceptual: empirismo, utilitarismo, positivismo, positivismo lógico, fordismo, taylorismo, protestantismo que fundamentan y cohesionan el país de la hegemonía capitalista.

Expliqué el empirismo como fundamento epistemológico que funda el conocimiento en la experiencia sensible representado por Bacon.

El protestantismo como religión fundada por Lutero, que plantea la búsqueda del perfeccionamiento en el trabajo, el liberalismo como concepción ético política, cuyo eje es el valor dado al individuo, a la libertad, a la propiedad privada y a la libre empresa. El utilitarismo concepción ética que fundamenta el bien y la maximización del bien sobre la utilidad, la búsqueda del placer y la felicidad, expresado por Jeremy Bentham y John Stuart Mill. El pragmatismo, concepción de la verdad que identifica a la verdad en sus consecuencias útiles, benéficas en la acción, representados en Pierce, James y Dewey.

El conductismo de Skinner como aplicación del pragmatismo a la psicología, el keynesianismo diseñado por Keynes, como política y equilibrador económico del capitalismo, el estructural funcionalismo formulado por Max Weber y Talcott Parsons como teoría social y equilibrador social.

El positivismo lógico expresado como fundamentación lógico matemática de la ciencia y sus derivados CIBERNÉTICA, INFORMÁTICA, ROBÓTICA, representado por Carnap, Reichenbach y Bertrand Russell. El realismo político en las relaciones internacionales derivado del pragmatismo, que plantea que la política internacional es correcta en función de sus consecuencias prácticas: mínimo de riesgo y máximo de utilidad, el evolucionismo como concepción general de la evolución de las especies y su influencia en las sociedades humanas como concepción de la evolución, el desarrollo y perfeccionamiento en la competitividad de grupos humanos.

El individualismo que concibe el individuo como hacedor de la historia y de su vida.

Las estructuras conceptuales y estructuras de la acción social se entrelazan entre sí para formar el imaginario simbólico.

El protestantismo acelera al individualismo en un sistema de valores y actitudes del trabajo, ahorro, disciplina y acumulación de capital como afirma Max Weber en su obra "El protestantismo y el espíritu del capitalismo".

El ascetismo protestante generó a su opuesto el consumismo hedonista, el narcisismo y el individualismo posesivo.

Mi objetivo ha sido describir, analizar y evaluar el imaginario simbólico del nuevo orden internacional y explicar la función social del pragmatismo en el nuevo orden internacional.

POR LO CUAL CONCLUYO:

El capitalismo es una onda de larga duración, la globalización es una lógica dominante, que subsume teorías, lógicas y espiritualidades. Las corrientes filosóficas surgen y se desenvuelven transformándose a lo largo de los SIGLOS, se cruzan y se entrecruzan, se separan, se unen, se desunen, como corrientes de pensamiento. UN MODELO LÓGICO YA DISEÑADO POR DIOS, como un DESTINO MANIFIESTO.

En la modernidad, en la etapa del neoliberalismo se ha agudizado la automatización, la robotización, la cosificación y la maquinización de lo humano.

La vida diaria se encuentra controlada por los objetos, por las mercancías, por el mercado, por la concepción empresarial del mundo, un mundo cada vez más hostil a la vida humana, en la que se da una lucha y una competencia cotidiana entre los hombres, en la sociedad competitiva de mercado, en una sociedad de bienes escasos, el poder es una fuente de división entre los hombres, cada hombre es enemigo de otro, la vida del hombre es solitaria, pobre, sórdida, brutal y corta.

Es una paradoja, por un lado el individuo se encuentra en una sociedad de mercado competitiva, darwiniana, en la lucha diaria por la existencia, con la obligación de ganarse la vida, controlado y regulado por las fuerzas del mercado, por otro, en el consumo, aparece como individuo libre para elegir entre n clases de leche y pan, n clases de automóviles y televisiones, en la computadora, en el e-mail o en el supermercado, entre un número infinito de productos, mercancías, diseñadas sobre los principios del pragmatismo y funcionalismo.

La forma sigue la función "Máxima utilidad", "Máxima belleza", "Máxima funcionalidad", "Máxima creatividad".

Este trabajo es una mirada latinoamericana, única en su género, sobre la cultura norteamericana, afirma David Crooker, presidente de la International Development Ethics Association.

Estados Unidos, aparece como un paradigma universal que atrae a la población de todo el planeta, es como una luz, un faro (ciber) que dirige el viaje y la vida de millones de seres humanos que atraídos por el *American Way of Life* sacrifican su vida por el fantasma de la libertad.

VII. BIBLIOGRAFÍA

BIBLIOGRAFÍA

- William James, *La voluntad de creer*, Ed. Daniel Jorro Madrid, 1967.

  o *Pragmatism and the meaning of truth*, Introduction by A.J. Ayer, Harvard University, Cambridge.

  o *Pragmatismo*, Edit. Aguilar,Buenos Aires, 1975.

  o *Principios de psicología*, Edit. Daniel Jorro, Madrid, 1930.

  o *Variedades de la experiencia religiosa*, Edit. Lectorum, México, 2010.

- Abraham Larry, *Teoría de la conspiración*, Double A. Publications, Washington, 1985.

- Angélica Mendoza, *Fuentes del pensamiento de los Estados Unidos*, COLMEX, México, 1950.

- Antonio Gramsci, *Cuadernos de cárcel. Notas sobre Maquiavelo, sobre política y sobre el estado moderno,* Ed. Juan Pablos, México, 1986.

- Antonio Negri y Michael Hardt, et., *Imperio, multitud y sociedad abigarrada*, Paidós, Barcelona, 2011.

- Carlos Aguirre Rojas, *Braudel a Debate. Ensayo sobre su itinerario intelectual*, JGH Editores México, 1997.

  o *Braudel y lasciencias humanas,* Biblioteca de Divulgación Temática N°66, Ed. Montesinos, Madrid, 1996.

- Carroll Quigley, *Anglonortheamerican Establishment*, Books In Focus, New York, 1981.

  o *The Anglo North American Establisment*, Book In Focus, New York, 1981.

- Cesáreo Morales, *Fractales. Pensadores del acontecimiento*, Siglo XXI, México, 2007.

  o *¿Hacia dónde vamos? Silencios de la vida amenazada,* Siglo XXI, Méxivo, 2010.

  o *Ir. Variaciones sobre JacquesDerrida*, Editorial Porrúa, LXV Legislatura de la Cámara de Diputados, México, 2012.

- Charles Sanders Pierce, *Pragmatism and pragmaticism, lectures of pragmatism.*
- Daniel Bell, *Contradicciones del capitalismo,* Edit. Alianza, Madrid, 2006.
  - *Las contradicciones culturales del capitalismo,* Alianza Editorial, Madrid, 1977.
- Daniel Jefferson Boorstin, *Democracy and its discontents: reflections on everyday America,* Edit, UEA New York, 1974.
- David L.Sills, *Enciclopedia internacional de ciencias sociales,* Aguilar, Madrid, 1975.
- Eduardo Saxe Fernández, *Colapso mundial y guerra,* Editorial Amo al Sur, San José, Costa Rica, 2005.
- Elsa Martínez Ortiz, *El imaginario simbólico de la cultura norteamericana,* Ángeles Asociados, México, 2005.
  - *Liberalismo y neoliberalismo,* Torres Asociados, México, 1996.
  - *Pragmatismo y american way of life,* Ed. Torres y Asociados, México, 2002.
- Fidel Castro, *Obama y el Imperio,* Edit. Latinoamericana, Habana, 2011.
  - *Reflexiones,* Edit. Publicaciones del Consejo del Estado, Habana, 1957.
- Frederick Jackson Turner, *The frontier in american history,* Henry Holt and Company, New York, 1920.
- Frederick W Taylor, *Principios de administración científica,* Ed. Herrera Hnos, México, 1985.
- Gloria Delgado de Cantú, *Historia universal de la era de las revoluciones al mundo Globalizado,* Pearson, Prentice Hall, México, 2010.
- Harold Bloom, *La religión americana,* Ed. Santillana, Madrid, 2006.
- Jacques Rivera y Sofía Marcela (Coord.), *Teoría de la historia,* Colegio de Ciencias y Humanidades-UNAM, México, 2000.
- John Dewey, *Essay in experimental logica, what pragmatism means,* Dover Publications, Grimally published, University of Chicago, New York, 1950.
  - *La ciencia de la educación,* Ed. Losada, Buenos Aires, 1941.
- John Locke, *Segundo ensayo sobre el gobierno civil,* Aguilar, Madrid, 1973.
- John Saxe Fernández, *Globalización, crítica a un paradigma,* Ed. Siglo XXI, México.

- José Ángel Hernández Flores, *Globalidad y filosofía. El concepto gramsciano del hombre y la aldea global*, México, Facultad de Filosofía y Letras, México, 2001.

- José Fuentes Mares, *Génesis del expansionismo norteamericano,* COLMEX, México, 1980.

- José Luis Orozco y Ana Luisa Guerrero, *Pragmatismo y globalización,* FCPyS-UNAM y Ed. Fontamara, México, 1996.

  o *Pragmatismo e inteligencia política global,* México, Universidad Autónoma Metropolitana, México, 2000.

- Juan A Ortega y Medina, *La evangelización puritana en Norteamérica*, FCE, México,1976.

- Kurt Lenk, "El concepto de ideología" en Herbert Marcuse, *Acerca de la ideología en la sociedad industrial altamente desarrollada,* Ed. Amorrortu, Buenos Aires, 1997.

- Lens Sydney, *Forjando el imperio americano,* Edit. Thomas Y. Crowell Co., New York, 1995.

- Louis Mc Fadden, *On the federal reserve corporation*, remark to congress, Forum publication, Company, Boston, 1934.

- LucienFebvre, *Combates por la historia,* Planeta Agostini, Barcelona, 1993.

- Ludwig Wittgenstein, *Investigaciones filosóficas,* IIF, UNAM, México, 1988.

- Marshall Berman, *Todo lo sólido se desvanece en el aire, la experiencia de la modernidad*, Ed. Siglo XXI, México, 1989.

- Martin Heidegger, *Ser y tiempo*, FCE, México, 1987.

- Noam Chomsky y Heinz Dietrich, *La sociedad global*, Joaquín Mortiz, México, 2004.

- Ramiro Guerra, *La expansión territorial de los Estados Unidos,* Ed. Nacional de Cuba, La Habana, 1964.

- Richard Hofstadter, *La tradición política norteamericana y los hombres que la formaron*, FCE, México, 1984.

- Robert Nozik, *Anarchy, state and utopia*, Basil, Blackwell, Oxford, 1981.

- Rose Friedman Milton, *La libertad de elegir*, Edit. Planeta Agostini, Barcelona, 1980.

- Talcott Parsons, *La estructura de la acción social*, Ediciones Guadarrama, Madrid, 1968, p. 850.

- Ulrich Beck, *¿Qué es la globalización?*, Ed. Paidós, Barcelona, 2010.

- Vicente Verdú, *El planeta americano*, Ed. Anagrama, Barcelona, 1996.

Fuentes hemerográficas:

- B. Drummond Jr Ayres, *Conservatives Bill Reagan cut more*", New York Times, January 22, 1983.

- David Hoffman, *The my topology of Reagan a record,* Washington Post, November 2, 1984.

- Jesús Esquivel, J, "*México-Estados Unidos, hacia la militarización de la frontera*" enRevistaProceso, México,12 de abril de 2009, 1693.

  - *Estados Unidos hacia la militarización de la frontera*, México, Proceso, México, 12 de abril de 2009, 1693.

- Karl Vance, *asesor electorero de Bush y Felipe Calderón, tras bambalina*, La Jornada, 6 agosto 2006.

- "El nuevo pragmatismo de George W. Bush en relaciones exteriores", en *Nussbaum Business Review*, enero del 2003.

Bibliografía complementaria

- Abodaher, *Lee Iacocca- Biografía,* Cía. Gral. de Ediciones, México, 1990.

- Adam Smith,*La riqueza de las naciones,* F.C.E., México, 1981.

- Allan Bullock, *History of the 20th century,* Phoebus Publishings Company, London, 1976.

- Angélica Mendoza,*Fuentes del pensamiento de los Estados Unidos*, COLMEX, México, 1950.

- Antonio Gramsci, *Risurgimiento,* Ed. Torino Torino, Einaud, 1954.

- Armando Meza, *Fábrica y poder, mecanismos de control empresarial. El caso de la ensambladora de automóviles FORD VILLA.* Centro de Investigaciones y Estudios Superiores en Antropología Social, Cuadernos de la Casa Chata, México, 1984.

- Cecil Crabb, *American approach. Foreign policy. A pragmatic, perspective.* White Burkett, Miller Center of Public Affairs, Washington, 1971.

- Cecil Crabb, *The diplomacy of the United States of America and the pragmatic Tradition.* the University of Louisiana Press, Baton Rouge, 1989.

- *Current History,* LXXXI (septiembre, 1982); y LXXXII (septiembre, 1983), y Donald S. Zagorla, "China's ·Quiet Revolution," *Foreign Affairs,* LXII (primavera, 1984).

- David Hoffman, *The my topologia of Reagan, a record,* Washington Post, November 2, 1984.

- David Horowitz, *Los FORD,* Tusquets Editores, Barcelona, 1990.

- David Horowitz, *The universities and the ruling class,* How Wealth Puts Knowledge in its Pocket, Berkeley,1975.

- David Sills,L., *International enciclopedia of social sciences,* Aguilar, Madrid, 1975.

- *Documentos Básicos de Estados Unidos,* Embajada Americana, 1980.

- Don Martindale, *La sociedad norteamericana,* F.C.E., México, 1970.

- Dudley Dillard, *La teoría de John Maynard Keynes,* Aguilar, Madrid, 1978.

  o *El materialismo histórico y la filosofía de Benedetto Croce,* Ed. Nueva Visión, Buenos Aires, 1972.

- Elsa Martínez Ortiz, *Liberalismo y neoliberalismo,* Torres Asociados, México, 1996.

- Enciclopedia Americana, Connecticut, Enciclopedia Americana Corporation, 1979.

- Frank, L.R., *Historie economique et sociale des Etats Unis de* 1919-1949, Subier, Paris, 1980.

- Frederick Taylor, *Principios de la administración científica*, Editorial Herrero Hnos, México, 1985.

- Frederick Tumer, *The frontier in american history*, Henry Holt and Company, New York, 1920.

- George J. Stigler, "Los economistas y la política", secretaría de programación y presupuesto, en revista *Contextos*, México, Año 2, No. 26, 1964.

- George Kennan, *"The sources of soviet conduct,"* *Foreign Affairs*, XXV (July, 1947); Kernnan, *Memoirs* (1925-1950) (New York, 1969); Charles E. Bohlen, *Witness to History*, 1929-1969 (New York, 1973).

- George Lukac's,*El asalto a la razón, la trayectoria del irracionalismo desde Schelling hasta Hitler,*Grijalbo, Barcelona, 1975.

- George Terry, *Principios de administración,* Compañía Editorial Continental, México, 1972.

- Gerald Myers y William James, *His life and thought*, Yale University Press, New haven and London, 1986.

- Gloria Delgado de Cantú, *Historia universal de la era de las revoluciones al mundo Globalizado*, Pearson, Prentice Hall, México, 2010.

- Guido de Ruggiero, *El liberalismo,* PRI, México, 1975.

- Halloway, A companion to Latin America history, Oxford, UK, Blackwell companions to word history.

- Hans Morgenthau, *Política entre las naciones, la lucha por el poder y la paz,* Grupo Editor Latinoamericano, Colección de estudios Internacionales, 1995.

- Hedley Donovan, *The 100 events that shaped america,* Life, New York, 1975.

- HerbertMarcuse, *Acerca del problema de la ideología en la sociedad altamente desarrollada,* Buenos Aires, 1977.

  o *Eros y civilización, Una investigación filosófica sobre Freud,* Ed. Joaquín Mortiz,México, 1970.

- El hombre unidimensional, ensayo sobre la Ideología de la sociedad industrial avanzada, Joaquín Mortiz, México, 1967.

- Jacques Maritain, *Reflections on America* (New York, 1958); Marcell, *Progress and pragmatism*; Morton White, *Pragmatism and the american mind: Essays and reviews in philosophy and intellectual history* (New York, 1973).

- Jacques Mayllard, *El mundo de América del Norte,* Ateneo, Buenos Aires, 1977.

- Jean Baudrillard, *América,* Editorial Anagrama, Barcelona, 1975.

- John Foster Dulles, *White House*, 12 de Julio de 1955; "Bipartisan legislative meeting," Legislative meetings file, Box 1, Dwight D. Eisenhower Library, Abilene, Kansas.

- John Martin, *Civil rights and the crisis of liberalism*, Review Press, Boulder Colorado, 1979.

- John Rawls, *Teoría de la Justicia,* F.C.E, México, 1971.

- John Saxe Fernández, *Globalización, crítica a un paradigma,* Siglo XXI, México, 2000.

- John Stuart Mill, *Utilitarismo,* Ed.Aguilar, Buenos Aires, 1974.

- José Luis Ceceña, *El Imperio del dólar,* Ed. El Caballito, México, 1977.

- José Luis Orozco, *La pequeña ciencia,* F.C.E,México, 1971.

- José Miguel Insulza, *Estados Unidos de Roosevelt* a *Reagan,* UNAM, México, Coordinación de Humanidades, 1986.

- Joseph Joffe, en New York Times, 13 de diciembre, 1983; *Newsweek,* CX (21 de marzo, 1983); y Flora Lewis en New York Times, 22 de marzo, 1984.

- Judith Merkle, *Management and ideology. The legacy of the international management movement,* published by University of California Press, California, 1980.

- Juliana González, *El malestar en la moral,* Ed. Joaquín Mortiz, México, 1970.

- Kanoussi y Javier Mena, *La Revolución pasiva: una lectura a los Cuadernos de la Cárcel,* Universidad Autónoma de Puebla, México, 1985.

- Karl Marx, "Subsunción formal y subsunción real del proceso de trabajo al proceso de valorización" en*Cuadernos políticos,* No. 37, Julio, 1983.

- Kurt Lenk,*El concepto de ideología.* Buenos Aires, Amorrortu, 1971.

  o *La filosofía norteamericana,* FCE,México, 1966.

  o *La revolución corporativa,* Ediciones Hispánicas,México, 1987.

  o *Los intelectuales y la organización de la cultura.* Ed. Nueva Visión,Buenos Aires,1973.

- Louis T Mc Fadden, Congresista *On the Federal Reserve Corporation*, Boston, Remark to Congress, 1934.

- Lucien Febvre, *Combates por la historia*, Edit. Planeta Agostini, Barcelona, 1993.

- Marshall Berman, *Todo lo sólido se desvanece en el aire, la experiencia de la modernidad*, Ed. Siglo XXI, México, 1989.

- Marshall Berman, *Todo lo sólido se desvanece en el aire. La experiencia de la modernidad,* Siglo XXI, México,1989.

- Mc. Pherson, *C.B., El individualismo posesivo,* Ed. Fontanelle, Barcelona, 1970.

- Michel Aglietta,*Regulación y crisis del capital,* Siglo XXI, México, 1979.

- Michel Foucault, *Las palabras y las cosas,* Siglo XXI, México, 1968.

- Miguel Barga, *La revolución inglesa en el Siglo XVII,* Universidad Autónoma de Puebla, México, 1977.

- Milton & Rose Friedman, *La libertad de elegir*, Editorial Planeta Agostini, Barcelona.

- Milton Friedman, *Libertad de elegir,* Ediciones Grijalbo, Barcelona, 1980.

  o *Notas de un país darwiniano.* México, UNAM, 1981.

- Paul Kurtz, *Filosofía norteamericanos en el siglo XX,* México, F.C.E., 1972.

- Ramiro Guerra, *La expansión territorial de los Estados Unidos*, Editorial Nacional de Cuba, La Habana, 1964.

- Richard Du Boff, *Contra la neutralidad de la técnica perspectiva histórica, (1880-1930)*, Monthly Review, Paul Sweez y Harry Magdoff, New York, 1975.

- Richard Hofstadter, *Social darwinism in american thought* (Philadelphia, 1944); Herbert W Schneider, *A history of american philosophy* (Segunda ed. New York, Columbia University Press, 1963).

- Richard Hofstadter, La *tradición política norteamericana y los hombres que la formaron*, FCE, México, 1984.

- Samuel Morison, Steele, Henry; Leuchtemburg, William, *Breve historia de los Estado Unidos*, F.C.E., México, 1987.

- Sigmund Freud, *El malestar en la cultura*, Alianza Editorial, Madrid, 1980.

- Thomas Kuhn, *Estructura de las revoluciones científicas*, F.C.E., México, 1980.

- Thomas Molnar, *El modelo desfigurado. Los Estados Unidos de Tocqueville a nuestros días*, F.C.E, México, 1980.

- Thomas Nagel, *La muerte* en *cuestión*, ensayos sobre la vida humana, F.C.E, México, 1981.

  - *Utilitarianism*, Great Books of the Western, William BentonPublisher, Chicago London, 1980.

- Walter Volkomer, *La tradición liberal en el pensamiento de los Estados Unidos*, Editores Asociados, México, 1989.

- William Frederick Turner, *The frontier in american history*, Henry Holt and Company, New York, 1920.

- William James y M. Kallen, Horace, *John Dewey and the spirit of pragmatism* en Sidney Hook, (ed.), *John Dewey: Philsopher of science and freedom*, New York, 1950.

- William Mamell, *Man made morals, four Philosophies that shaped America*, Doubleday and Company, Inc, New York, 1966.

- **William James**

  - *An unpublished letter of William James,* by M.A. Jordan Scott and Scandinavian literature by P. R. Lieder Northhampton, 1920.

  - *Collected essays and reviews by William James,* etc., Longmans Green and Co., New York, 1920.

  - *El significado de la verdad,* Aguilar, Buenos Aires, 1974.

  - *Essays in radical empiricism,* Longmans Green and Co.,New York, 1912.

  - *Las variedades de la experiencia religiosa: estudio de la naturaleza humana,* Versión Castellana de J.F. Ivars. Prólogo de José Luis Aranguren, Barcelona, Península, 1986.

  - *The will to believe and other essays in popular philosophy,* Longmans Green and Co., New York, 1987.

  - *Pragmatism, a new name for some old ways of thinking,* popular lectures on philosophy, Longmans Green and Co., London, 1931.

  - *The principles of psychology,* the Great Books of the Westen World, v. 58, 1980.

  - *The Meaning of the truth, a sequel to pragmatism* by William James, Longmans Green and Co.,New York, 1909.

  - *Principios de psicología,* Traducción de Agustín Bárcena, FCE, México, 1989.

  - *Psychology,* Henry Holt and Co., New York, 1920.

  - Gerald Myers, *William James, his Life and thought,* Yale University, Binghamton, 1986.

- **Charles Sanders Pierce**

  - *Collected Papers,* Edit. byCharles Hartshorne and Paul Weiss, Mass., Harvard University, Cambridge, 1931.

  - *Escritos lógicos,* introducción, selección y traducción de Pilar Castillo Eriado, Alianza, Madrid, 1968.

  - *Lecciones sobre pragmatismo,* Buenos Aires, 1971.

  - *Mi alegato en favor del pragmatismo,* Buenos Aires, 1971.

  - *Values in a universe of chance, selected writings,* Edited with an introduction and notes by Phylip P. Wiener, New York, 1966.

  - *Philosophical writing of Pierce,* Selected and edited with and introduction by Justus Buchler, Dover publications, New York, 1955.

- **John Dewey**

  - *Art as experience,* MacMillan, New York, 1934.

  - *Democracy and education,* an introduction to the philosophy of education, MacMillan Co., New York, 1942.

  - *El arte como experiencia,* FCE, México, 1949.

  - The *development of american pragmatism,* University of Chicago, Chicago, 1916.

  - *Essays in experimental logic, what pragmatism means,* Dover Publications, originally published University of Chicago, New York, 1916.

  - *Essays in experimental logic,* Ed. Beacon Boston, Reconstruction in Philosophy, New York, 1916.

  - *Experience and education,* MacMillan, New York, 1925.

  - *Freedom and culture,* MacMillan, New York, 1965.

  - *Human nature and conduct,* New York, The modem library, 1930.

o *La busca de la certeza,* FCE, México, 1952.

o *La ciencia de la educación,* Ed. Losada, Buenos Aires, 1941.

o *La educación de hoy,* Losada, Buenos Aires, 1965.

o *El hombre y sus problemas,* Paidós, Buenos Aires, 1961.

o *La reconstrucción de la filosofía,* Aguilar, Buenos Aires, 1970.

o *El niño y el programa escolar,* Losada, Buenos Aires, 1962.

o *Las escuelas del mañana,* Losada, Buenos Aires, 1960.

o *Democracia y educación,* Losada, Buenos Aires, 1982.

o *Libertad y cultura,* UTEHA, México, 1965.

o Leif J. Rusting, *Philosophie de l éducation,* Ed. Delagrage, Paris, 1973.

o Juan Carlos Geneyro, *La democracia inquieta. E. Durkheim y John Dewey.* Universidad Autónoma Metropolitana, Antropos, México, 1991.